# Das bietet Ihnen die CD-ROM



- **Software zur Erstellung eines professionellen Business-Plans**
- **Fördermitteldatenbank**
- **Rechtssichere Musterverträge mit ausführlichen Erläuterungen**
- **Checklisten und Adressen**

**Wie gründe ich eine GmbH?**

Tabelle: Vor- und Nachteile der wichtigsten Rechtsformen

Tabelle: Haftung der Anteilseigner

Muster: GmbH-Gesellschaftsvertrag

Erläuterungen zum GmbH-Gesellschaftsvertrag

**Wie führe ich erfolgreich eine GmbH?**

Checkliste: Vertrags- und Forderungsausfallrisiken

Checkliste zu arbeitsrechtlichen Risiken

Checkliste: Risiken in der Krise

Muster: GmbH-Geschäftsführervertrag

Erläuterungen zum GmbH-Geschäftsführervertrag

Darüber hinaus enthält die CD die wichtigsten Gesetzestexte, damit Sie sie im Wortlaut nachlesen können.

Überall, wo Sie das Icon sehen, finden Sie die Texte vollständig im DIN A4-Format auf der CD-ROM – direkt zum Übernehmen in Ihre Textverarbeitung.

CD-ROM

Bibliografische Information Der Deutschen Bibliothek

Die Deutsche Bibliothek verzeichnet diese Publikation in der Deutschen Nationalbibliografie; detaillierte bibliografische Daten sind im Internet über http://dnb.ddb.de abrufbar.

ISBN 3-448-05663-4 Bestell-Nr. 06154-0001

Redaktionsanschrift: Postfach 13 63, 82142 Planegg
Hausanschrift: Fraunhoferstraße 5, 82152 Planegg
Telefon (089) 8 95 17-0, Telefax (089) 8 95 17-2 50
Internet: http://haufe.de, E-Mail: erste-hilfe@haufe.de
Lektorat: Jasmin Jallad, Stephan Kilian



Idee & Konzeption: Dr. Matthias Nöllke, Textbüro Nöllke München
Umschlaggestaltung: Schell und Partner, 80469 München
Lektorat: Leyla Zorlu
DTP: Text+Design Jutta Cram, 86391 Stadtbergen, www.textplusdesign.de
Druck: Schätzl Druck, 86609 Donauwörth

Rocco Jula

# GmbH

## – erfolgreich gründen und führen

# Inhalt

# Vorwort

Unternehmerisches Handeln ist mit zahlreichen Risiken verbunden. Dieses musste Oskar O. erfahren, der sich vor drei Jahren nach erfolgreicher Meisterprüfung mit einem Handwerksbetrieb im Bereich Elektroinstallation selbstständig gemacht hatte. Als ihn sein größter Auftraggeber, eine Wohnungsbaugesellschaft, nicht mehr mit Aufträgen versorgte, geriet sein Betrieb in die Krise. Die laufenden Kosten für Personal, die Geschäftsräume, den Fuhrpark usw. überrollten Oskar. Als sein wichtigster Lieferant, dem er Geld für Kabel, Schalter und Steckdosen schuldete, im letzten Monat die Zwangsversteigerung seines Eigenheims beantragte, wurde Oskar angst und bange. Jetzt droht ihm und seiner Familie die Obdachlosigkeit. Oskar hätte seine persönlichen Haftungsrisiken durch eine GmbH deutlich reduzieren können.

Dieser Ratgeber wendet sich an alle, die sich selbstständig machen möchten oder bereits selbstständig sind und erwägen, den Geschäftsbetrieb unter dem Dach einer GmbH (fort-) zu führen. Es werden die Vor- und Nachteile der GmbH aufgezeigt und erläutert, wie sich im Einzelnen die Gründung vollzieht. Unterstützt wird der Gründer bei der Abfassung des Gesellschaftsvertrags und der Wahrnehmung seiner Rechte in der GmbH.

Das Werk richtet sich aber auch an den Geschäftsführer einer GmbH, der bei seiner Leitungsaufgabe beraten wird. Dem GmbH-Geschäftsführer werden seine persönlichen Haftungsrisiken, insbesondere jene in der Krise, aufgezeigt. Geschäftsführer und Gesellschafter werden schließlich zuverlässig bei der Abfassung des Geschäftsführer-Dienstvertrags beraten.

Rechtsanwalt Dr. Rocco Jula

# Teil I: Warum kommt die Gründung einer GmbH für mich infrage?

# Welche Vor- und Nachteile hat die GmbH?

Praxis-Beispiel

**Reisen nach Portugal**

Alvaro Pinto möchte Reisen nach Portugal veranstalten. Kommt für ihn die Gründung einer GmbH in Betracht?

Entscheidung der Gründer

Bei der Gründung einer GmbH sind eine Reihe von Formalitäten zu beachten. Bevor mit der eigentlichen Gründung begonnen wird, die mit dem Gang zum Notar ihren Anfang nimmt, müssen die Gründer zunächst prüfen, ob die Rechtsform der GmbH für das geplante Vorhaben überhaupt geeignet ist. Dies hängt von der Interessenlage der Beteiligten im Einzelfall ab. Für die Beantwortung der Frage, ob die GmbH die optimale Rechtsform ist, müssen sich die Gründer die Vor- und Nachteile der GmbH vergegenwärtigen.

Praktische Bedeutung

Die GmbH ist in Deutschland mit Abstand die beliebteste Rechtsform, in der sich Unternehmen organisieren. Über 800.000 Gesellschaften haben sich derzeit für diese Rechtsform entschieden. Die Attraktivität hängt vor allem mit den Vorteilen zusammen, die die GmbH den Beteiligten bietet.

Praxis-Beispiel

**„Alvaros Portugal Tours"**

Alvaro Pinto möchte ein auf Portugal-Reisen spezialisiertes Reiseveranstaltungsunternehmen gründen. Alvaro selbst ist Portugiese, jedoch in Deutschland aufgewachsen. Neben Badeurlaub an der Algarve möchte er vor allem Städtereisen nach Lissabon und Porto sowie individuelle Reisen in beliebte Weinanbaugebiete organisieren. Sitz der Gesellschaft wird Frankfurt (Main) sein. Der Verkauf der Reisen soll primär über das Internet erfolgen.

Alvaro sollte für sein Vorhaben zunächst den Markt sondieren, sich ein Marketing-Konzept überlegen und die Finanzierung für das Vorhaben nach

Ermittlung des Kapitalbedarfs sichern (siehe hierzu die Abschnitte zur Finanzierung, zu den Fördermitteln und zum Marketing).

**Vor- und Nachteile der wichtigsten Rechtsformen**

| **Rechtsform** | **Haftung der Gründer** | **Formalitäten** | **Einflussnahme der Anteilseigner** | **Steueroptimierte Versorgung der Geschäftsführer** |
|---|---|---|---|---|
| GmbH | keine | notarielle Form bei Abschluss/ Änderung des Gesellschaftsvertrags und bei Anteilsübertragung; Handelsregistereintragung ist Pflicht | Weisungsrecht der Gesellschafterversammlung | möglich |
| AG | keine | notarielle Form bei Abschluss/ Änderung des Gesellschaftsvertrags; Handelsregistereintragung ist Pflicht | kein Weisungsrecht | möglich |
| OHG | unbeschränkt | keine Formvorschriften; Handelsregistereintragung ist Pflicht | Gesellschafter sind Geschäftsführer | nicht möglich |
| KG | je nach Gesellschafter | keine Formvorschriften; Handelsregistereintragung ist Pflicht | Gesellschafter sind Geschäftsführer | nicht möglich |
| BGB-Gesellschaft = GbR | unbeschränkt | keine Formvorschriften; keine Handelsregistereintragung | Gesellschafter sind Geschäftsführer | nicht möglich |
| Partnerschaft | unbeschränkt | Schriftform, Partnerschaftsregistereintragung | Gesellschafter sind Geschäftsführer | nicht möglich |

Nunmehr ist zu klären, ob die Rechtsform der GmbH für das Vorhaben des Alvaro Pinto geeignet ist. Dies hängt von seinen Interessen ab. Zunächst geht Alvaro mit seiner Existenzgründung erhebliche Risiken ein. Er muss Vorleistungen erbringen, etwa Kontingente in Hotels oder Flugzeugen reservieren. Sofern Alvaro weniger Reisen als kalkuliert absetzt, besteht die Gefahr, dass er in die Verlustzone gerät. Alvaro wird daher ein Interesse daran haben, sein Privatvermögen vor dem Zugriff der Gläubiger zu schützen. Hierfür ist die GmbH geeignet, da allein sie den Gläubigern gegenüber mit dem Gesellschaftsvermögen haftet. An das Privatvermögen von Alvaro kämen die Vertragspartner der GmbH grundsätzlich nicht heran.

## Haftungsrisiken bei der GmbH

Schon jetzt sei aber betont, dass der Ausschluss der persönlichen Haftung mit dem Privatvermögen keinesfalls schrankenlos gilt. Es gibt einige wenige Ausnahmen, in denen ein Durchgriff auf das Privatvermögen des Gesellschafters möglich ist. Außerdem muss beachtet werden, dass zwar nicht der Gesellschafter, wohl aber der Geschäftsführer einer GmbH, d. h. derjenige, der die Geschäfte führt, erheblichen Haftungsrisiken ausgesetzt ist. Dies gilt insbesondere wegen seiner Haftung für Steuerschulden sowie für Arbeitnehmerbeiträge zur Sozialversicherung (siehe dazu im Einzelnen unten bei Haftungsrisiken des Geschäftsführers).

**Bitte beachten Sie:** Die GmbH bietet dem Gründer die Möglichkeit, sein Privatvermögen vor dem Zugriff der Gläubiger zu schützen. Dieser Schutz besteht auch bei der Aktiengesellschaft. Das aufzubringende Mindestkapital ist jedoch mit 25.000 € bei der GmbH geringer als bei der Aktiengesellschaft, bei der ein Grundkapital von mindestens 50.000 € vorgeschrieben ist.

Die so genannte Personengesellschaften, zu denen unter anderem die offene Handelsgesellschaft (oHG), die Kommanditgesellschaft (KG), die Gesellschaft bürgerlichen Rechts (GbR) und die Partnerschaft gehören, sehen stets eine Haftung aller oder zumindest einzelner Gesellschafter für die Schulden der Gesellschaft vor.

**Haftung der Anteilseigner (Gesellschafter)**

| Rechtsform | Rechtsgrundlage | Persönliche Haftung | Grundlage für die Haftung |
|---|---|---|---|
| GmbH | GmbHG | grundsätzlich keine, nur in Extremfällen | grundsätzlich keine |
| AG | AktG | grundsätzlich keine, nur in Extremfällen | grundsätzlich keine |
| OHG | §§ 105 ff. HGB | unbeschränkt | § 128 HGB |
| KG | §§ 161 ff. HGB | Komplementär: unbeschränkt;<br>Kommanditist: beschränkt (soweit Einlage nicht geleistet, ausnahmsweise unbeschränkt | §§ 161 II, 128 HGB;<br>§ 171 HGB (beschränkt)<br>§ 176 HGB (unbeschränkt) |
| BGB-Gesellschaft = GbR | §§ 705 ff. BGB | unbeschränkt, (Beschränkung der Haftung ist nur in Grenzen möglich) | §§ 421, 427 BGB |
| Partnerschaft | PartGG | unbeschränkte Haftung (Haftungskonzentration auf einzelne Partner möglich) | § 8 PartGG |

# Mögliche Mitarbeit der Gründer

Bei der GmbH hat Alvaro die Möglichkeit zur Mitarbeit, ist jedoch hierzu nicht verpflichtet. Er könnte also zunächst persönlich die Geschäfte führen und sich später einmal, wenn er dies möchte bzw. wenn die finanzielle Situation dies zulässt, auf seine Gesellschafterposition zurückziehen und „andere für sich arbeiten lassen".

Optimale Versorgung durch GmbH

Besondere Attraktivität hat die GmbH, weil sie dem mitarbeitenden Gesellschafter-Geschäftsführer, also jedem, der einerseits Anteilseigner ist, andererseits jedoch auch die Geschäfte führt, steuerrechtlich eine optimale Versorgung ermöglicht. So können dem Geschäftsführer eine Rente wegen Berufsunfähigkeit oder ein Ruhegehalt zugesagt bzw. den Hinterbliebenen des Geschäftsführers eine Hinterbliebenenversorgung zugesichert und hierbei noch Steuern gespart werden. Eine solche Möglichkeit bieten die Personengesellschaften, zu denen die Gesellschaft bürgerlichen Rechts (BGB-Gesellschaft), Kommanditgesellschaft (KG), offene Handelsgesellschaft (OHG) und die Partnerschaftsgesellschaft gehören, nicht bzw. nicht annähernd in vergleichbarer Weise. Zu den Möglichkeiten der Versorgung des Geschäftsführers siehe das Kapitel hierzu.

## Umfangreiche Formalien und steuerrechtliche Vorschriften

Die Übertragung von GmbH-Anteilen ist nur in notarieller Form zulässig. Überhaupt sind die Formalien, die das GmbH-Recht vorsieht, als entscheidender Nachteil der GmbH zu benennen. Nicht nur die Anteilsübertragung bedarf der notariellen Beurkundung, sondern auch die Gründung selbst sowie jede Änderung des Gesellschaftsvertrags (Satzung). Wird beispielsweise der Sitz verlegt oder der Name des Unternehmens (Firma) geändert, muss der Gang zum Notar angetreten werden. Auch bestehen strenge Vorschriften bei der Rechnungslegung sowie der Publizität. Die Jahresabschlüsse der GmbH sind wie bei allen anderen Kapitalgesellschaften und der GmbH & Co. KG offen zu legen. Auch hinsichtlich der Einberufung der Gesellschafterversammlung sind gewisse Formalien einzuhalten. Es ist darauf zu achten, dass die Einladungen, sofern nicht anders geregelt, per Einschreibebrief unter Wahrung der Ladungsfrist an die Gesellschafter versandt werden.

Steuerrechtliche Erwägungen

Ob die GmbH steuerrechtlich die geeignete Rechtsform ist, lässt sich nicht pauschal entscheiden. Dies hängt von der Gestaltung des Einzelfalls sowie dem Rechtsverhältnis zwischen Gesellschafter und GmbH ab. Die GmbH selbst unterwirft ihren Gewinn der Körperschaftsteuer sowie der Gewerbesteuer. Zu beachten ist allerdings, dass die Gewerbesteuer als Betriebsausgabe abzugsfähig ist, sodass für die Körperschaftsteuer eine entsprechend niedrigere Bemessungsgrundlage anfällt. Auch bilden die Zahlungen, die die GmbH an den Geschäftsführer leistet, sofern die Verträge marktüblich und die Vergütungen angemessen sind, Betriebsausgaben. Dies betrifft etwa das

Geschäftsführergehalt oder die Miete für Geschäftsräume, die der Gesellschafter der GmbH überlässt. Der Geschäftsführer selbst muss die Vergütungen, die er erhält, entsprechend versteuern, beispielsweise das Gehalt als Einkünfte aus nichtselbstständiger Arbeit. Die Gesamtsteuerbelastung muss im Einzelfall ermittelt werden, erst dann kann eine Parallelbetrachtung mit einer Personengesellschaft angestellt werden.

## Ausländische Kapitalgesellschaften als Alternative?

Euro-GmbH

Grundsätzlich sind im Ausland errichtete Kapitalgesellschaften auch im Inland handlungsfähig. Daher könnte der Existenzgründer erwägen, ob er beispielsweise für „wenig Geld" in London eine englische GmbH (Private company limited by shares [ltd.]) gründet und hiermit in Deutschland gegebenenfalls über eine Niederlassung auftritt. Fungiert die Gesellschaft in London als reine Briefkastengesellschaft, weil sich die Verwaltung, die Geschäftsführung und die Betriebsstätte in Deutschland befinden, hat die deutsche Rechtsprechung bisher der Gesellschaft die Rechts-, Partei- und Prozessfähigkeit im Inland versagt, weil die Gesellschaft im Inland nicht wirksam gegründet worden sei. Dieses Vorgehen hat jedoch der Europäische Gerichtshof in der so genannten Überseering-Entscheidung als europarechtswidrig verworfen (Europäischer Gerichtshof, Urteil vom 5.11.2002, Neue Zeitschrift für Gesellschaftsrecht 2002, 1164). Damit kann zumindest im EU-Ausland wirksam gegründeten Gesellschaften die Rechts-, Partei- und Prozessfähigkeit im Inland sowie das Recht hier Niederlassungen zu gründen, nicht versagt werden. Dies erkennt nunmehr auch die deutsche Rechtsprechung im Anschluss an die Überseering-Entscheidung des Europäischen Gerichtshofes an (BGH, Urteil vom 13.3.2003, Neue Zeitschrift für Gesellschaftsrecht 2003, 431, zu US-amerikanischen Gesellschaften nimmt der Bundesgerichtshof ebenfalls eine Rechts-, Partei- und Prozessfähigkeit im Inland unter Hinweis auf Art. XXV Abs. 5 S. 2 des Freundschafts-, Handels- und Schifffahrtsvertrages zwischen der Bundesrepublik Deutschland und den Vereinigten Staaten von Amerika vom 29.10.1954 (BGBl II 1956, 487 f.) an, siehe BGH, Urteil vom 29.1.2003, Neue Zeitschrift für Gesellschaftsrecht 2003, 531). Experten rechnen damit, dass sich Existenzgründer, aber auch bestehende Kapitalgesellschaften – z. B. zum Zwecke der Gründung von Holding- oder Tochtergesellschaften – verstärkt ausländischer Kapitalgesellschaften bedienen werden. Die Entwicklung in der Praxis geht bereits in diese Richtung. Diese Gesellschaften werden schlagwortartig als „Euro-GmbH" bezeichnet.

Vor- und Nachteile

Dennoch ist dem Existenzgründer von der Verwendung ausländischer Kapitalgesellschaften im Inland abzuraten. Dem etwaigen Vorteil, der darin besteht, dass die Kosten für die Gründung und das aufzubringende Kapital geringer sind, stehen gewichtige Nachteile gegenüber. Bei Streitigkeiten zwischen den Gesellschaftern gilt das ausländische Gesellschaftsrecht, die Gesellschafter bzw. ihre Anwälte müssten sich mit Gerichtsurteilen des Sitzstaats vertraut machen. Auch müsste der Gesellschafter-Rechtsstreit grundsätzlich am Sitz der Gesellschaft, also im Ausland geführt werden. Im Inland wird eine ausländische Kapitalgesellschaft häufig argwöhnisch betrachtet. Dies gilt jedenfalls dann, wenn sie im Ausland nur als Briefkastengesellschaft existiert. Gläubiger vermuten hier entweder eine dünne Kapitaldecke oder gar die Absicht, Vertragspartner zu schädigen, indem diese zu Vorleistungen veranlasst werden. Lieferanten, Banken und Vermieter werden Sicherheiten verlangen oder darauf bestehen, dass sich die Gründer persönlich zur Zahlung verpflichten. Die Niederlassung im Inland unterfällt zudem ohnehin dem deutschen Steuerrecht, sodass sich Steuern mit einer Briefkastengesellschaft im Ausland nicht einsparen lassen. Eher lenkt eine solche Gesellschaft die Aufmerksamkeit des Finanzamtes auf sich.

# Welche Rahmenbedingungen muss ich berücksichtigen?

## Kann ich eine GmbH für jeden Zweck und auch allein gründen?

Grundsatz: Jeder erlaubte Zweck

Eine GmbH kann grundsätzlich für jeden erlaubten Zweck gegründet werden. Eine Fluggesellschaft kann sich ebenso als GmbH organisieren wie ein Architekt, ein Rechtsanwalt oder ein Zeitungskiosk-Betreiber. Selbst zu karitativen Zwecke darf eine GmbH gegründet werden. Nur im Einzelfall verbietet der Gesetzgeber die GmbH, wie etwa in bestimmten Bundesländern die Ärzte-GmbH oder etwa eine Versicherungs-GmbH. Eine Lebensversicherungsgesellschaft beispielsweise dürfte dieses Geschäft nicht in der Rechtsform der GmbH betreiben. Von diesen Extremfällen abgesehen darf die GmbH jedoch grundsätzlich verwendet werden. So sind etwa eine Krankenhaus-GmbH oder eine Physiotherapie-GmbH genauso möglich wie eine Lebensgestaltungs-GmbH oder Handwerks-GmbH.

Einpersonen-GmbH statthaft

Des weiteren kann eine GmbH durch eine oder mehrere Personen gegründet werden. Auch eine Einzelperson kann somit wirksam eine GmbH ins Leben rufen. Diese Gesellschaft wird als Einpersonen-Gesellschaft bezeichnet. Zu beachten ist allerdings, dass der Einpersonen-Gründer das Stammkapital vollständig aufbringen muss bzw. soweit er es nicht aufbringt, für die Differenz eine Sicherheit zu bestellen hat (siehe hierzu unten).

## Wie viel Kapital benötige ich für die Gründung einer GmbH?

25.000 Euro Mindeststammkapital

Das Mindeststammkapital einer GmbH beträgt 25.000 €. Gründen mehrere Personen eine Gesellschaft, müssen sie sofort 12.500 € aufbringen. Gründet eine Person allein eine GmbH, muss sie das volle Stammkapital in das Gesellschaftsvermögen von Anfang an leisten oder aber für den Differenzbetrag von 12.500 € bis 25.000 € eine Sicherheit, etwa in Form einer Bankbürgschaft stellen. Die Sicherheit wird zu Gunsten der GmbH gewährt.

Kapitalaufbringung

Auch bei größeren Stammkapitalziffern, also etwa wenn eine Person eine GmbH mit 100.000 € Stammkapital errichtet, gilt der Grundsatz der vollen Kapitalaufbringung. Sobald jedoch mehrere Gesellschafter eine GmbH gründen, müssen – wie erwähnt – lediglich 12.500 €, mindestens aber von jeder Stammeinlage, die in bar übernommen wird, ein Viertel einbezahlt werden. Gründen also beispielsweise zwei Personen eine GmbH mit einem Stammkapital von 100.000 € und übernehmen sie jeweils 50.000 € als Stammeinlage, so muss jeder von ihnen ein Viertel hiervon, also 12.500 € in das Gesellschaftsvermögen leisten. Werden Sacheinlagen versprochen, so sind diese vollständig in das Gesellschaftsvermögen zu bewirken. Bringt ein Gesellschafter also etwa seinen PKW oder ein Betriebsgrundstück ein, so muss diese Sacheinlage vollständig in das Eigentum der GmbH übergehen. Die Anmeldung der Gesellschaft beim Handelsregister darf erst erfolgen, wenn die Mindeststammeinlagen bzw. die Sacheinlagen zur freien Verfügung des bzw. der Geschäftsführer in das Gesellschaftsvermögen geleistet wurden.

## Brauche ich einen Aufsichtsrat bzw. einen Beirat?

Entscheidung der Gesellschafter

Eine GmbH ist auch deshalb so beliebt, weil bei ihrer Organisation bzw. Struktur die Wünsche der Gesellschafter weitgehend berücksichtigt werden können. Man redet hier von der Satzungssouveränität der Gesellschafter, das heißt der Kompetenz der Gesellschafter, die Satzung nach ihren Vorstellungen zu gestalten. Dies betrifft auch die Frage, ob die Gesellschaft einen Aufsichtsrat, einen Beirat, einen Verwaltungsrat oder ein sonstiges beratendes oder kontrollierendes Organ aufweist. Die Gesellschaft kann ein solches Organ haben, sie ist jedoch zur Bildung grundsätzlich nicht verpflichtet. Das Gesetz kennt ohnehin als Kontrollorgan nur den Aufsichtsrat. Beiräte und Verwaltungsräte werden stets auf freiwilliger Grundlage ohne rechtliche Verpflichtung gebildet. Die ihnen zustehenden Funktionen sind meist beratender oder kontrollierender Natur und können flexibel in der Satzung vorgesehen werden.

Pflicht zur Bildung

Ein Aufsichtsrat muss allerdings dann bei einer GmbH gebildet werden, wenn dies gesetzlich angeordnet ist. Dies ist etwa in der Praxis bei kommunalen Gesellschaften oder bei Gesellschaften, die der Arbeitnehmermitbestimmung im Aufsichtsrat unterfallen, vorgesehen. Gehört eine GmbH einer Gemeinde, wie dies häufig bei Stadtwerken der Fall ist, so muss die Gemeinde ihren Einfluss auf die Geschäftsführung sicherstellen. Dies geschieht durch von ihr entsandte Aufsichtsratsmitglieder, demzufolge ist die Einrichtung eines Aufsichtsrats notwendig. Bei Gesellschaften mit beschränkter Haftung, die in der Regel mehr als 500 Arbeitnehmer haben, ist ein Aufsichtsrat zu bilden, er besteht zu einem Drittel aus Vertretern der Arbeitnehmer. Beschäftigt die GmbH sogar in der Regel mehr als 2.000 Arbeitnehmer, sind sogar die Hälfte der Aufsichtsratsmandate mit Arbeitnehmervertretern zu besetzen.

Interessenlage im Einzelfall

Von diesen Ausnahmefällen abgesehen, können sich die Gesellschafter entscheiden, ob sie einen Aufsichtsrat installieren oder ob sie sämtliche Aufgaben der Gesellschafterversammlung belassen. In bestimmten Situationen kann die Bildung eines Aufsichtsrats sinnvoll sein, etwa bei einem großen Gesellschafterkreis, bei dem es sehr schwerfällig wäre, sämtliche Gesellschafter auf Versammlungen zusammenzurufen oder wenn einzelne Gesellschafter ein besonderes Kontrollinteresse aufgrund zusätzlicher Darlehen oder stiller Beteiligungen haben. Finanziert sich etwa eine GmbH mit einer stillen Beteiligung eines Gesellschafters in erheblicher Höhe, so liegt es nahe, dass der stille Gesellschafter, der gleichzeitig GmbH-Gesellschafter ist, auf die Einrichtung eines Aufsichtsrats drängt, in dem etwa er selbst oder ein von ihm bestimmter Dritter ein Mandat wahrnimmt, damit insbesondere die zweckentsprechende Verwendung seiner finanziellen Mittel gesichert ist. Auch werden durch ein Kontrollorgan Krisen früher erkannt. Die Geschäftsführer stehen unter Kontrolle, müssen dem Aufsichtsrat berichten und werden gegebenenfalls weniger risikofreudig als ohne zeitnahe Kontrolle agieren.

Aufgaben des zusätzlichen Organs

Die Aufgaben eines Beirats können flexibel in der Satzung festgelegt werden. Der Aufsichtsrat kann sich auf die bloße Beratung der Geschäftsführer beschränken. In dieser Konstellation heißt er in der Regel Beirat. Er kann aber auch die Geschäftsführung kontrollieren, sie anweisen oder sogar die Geschäftsführer bestellen und abberufen. Die Gesellschafter müssen sich klarmachen, dass ihnen selbst weniger eigene Machtbefugnisse verbleiben, je mehr Befugnisse sie auf den Aufsichtsrat übertragen. Die Befugnis, die Satzung zu ändern, ist die Kernkompetenz der Gesellschafter, diese können sie nicht auf den Aufsichtsrat übertragen. Das bedeutet, dass notfalls die Gesellschafter durch eine Änderung der Satzung den Aufsichtsrat auch wieder abschaffen können.

## Wann bietet sich der Kauf einer Vorrats-GmbH an?

Praxis-Beispiel

### Veranstaltung von Straßenfesten

Roland Strada möchte Straßenfeste veranstalten. In der nächsten Woche wird der Zuschlag für ein Straßenfest auf dem Berliner Kurfürstendamm erteilt. Strada möchte sich um dieses Straßenfest bemühen. Da die Veranstaltung eines Straßenfests mit erheblichen Haftungsrisiken verbunden ist – insbesondere dann, wenn es ihm nicht gelingt, die Marktstände in großer Zahl zu vermieten –, möchte Strada eine GmbH dazwischenschalten. Da die Zeit drängt, fragt er, ob er sich für den Kauf einer so genannten Vorrats-GmbH entscheiden sollte.

Mantel- oder Vorratsgründung

In einer Situation, in der man schnell eine GmbH benötigt, z. B. weil der lukrative Auftrag sofort perfekt gemacht werden könnte, bietet sich der Kauf einer Vorrats-GmbH an. Hierbei handelt es sich um eine GmbH, die bereits gegründet und im Handelsregister eingetragen ist, die jedoch ihre Geschäfte noch nicht aufgenommen hat.

Eine solche Vorrats-GmbH sollte jedoch nur dann erworben werden, wenn das Stammkapital mit Ausnahme der Gründungskosten (Register- und Notarkosten) unversehrt zur Verfügung steht. Der Bundesgerichtshof hat nämlich entschieden, dass bei der Übernahme einer Vorrats-GmbH ansonsten die Gründungsvorschriften gelten. Strada müsste also auch bei der Aufnahme der Tätigkeit mit einer Vorrats-GmbH haftungsrechtliche Konsequenzen befürchten, wenn er eine Vorrats-GmbH kauft, bei der das Stammkapital bereits aufgezehrt ist. Ist dies jedoch nicht der Fall, steht ihm sofort eine GmbH ohne Haftungsrisiken zur Verfügung.

Risiken der Vorrats-gründung

Mit dem Erwerb einer Vorrats-GmbH sind jedoch zusätzliche Kosten verbunden, da der Verkäufer der Vorrats-GmbH sich diese Leistung bezahlen lässt. Außerdem ist auch hier der Gang zum Notar unerlässlich. Einerseits müssen die Anteile an der Vorrats-GmbH übertragen werden, was der notariellen Form bedarf, andererseits sind die Firma der GmbH und die Satzung im Übrigen, z. B. hinsichtlich des Unternehmensgegenstands, entsprechend anzupassen. Überdies ist der bisherige Geschäftsführer abzuberufen und der neue Geschäftsführer, hier Strada, zu bestellen.

Zusätzliche Kosten

# Wie finanziere und plane ich mein Vorhaben?

Praxis-Beispiel

**Gründung ist nicht billig**

Alvaro Pinto benötigt möglicherweise erhebliches Kapital für sein Vorhaben – das Reiseveranstaltungsunternehmen für Portugal-Reisen – gerade dann, wenn er Marketingmaßnahmen umfangreicher Art durchführen möchte oder eine große Anzahl von Reisen plant. Er muss Flugkosten, Transfers und Hotelbetten vorfinanzieren. Daneben ist auch noch an die gesetzlich vorgeschriebene Insolvenzabsicherung der Reisenden zu denken, nur wenn eine solche besteht, darf Alvaro Anzahlungen entgegennehmen. Hier muss er sich mit einem Insolvenzversicherer einig werden, der bereit ist, dem jungen Unternehmen Sicherungsscheine zu übergeben. Dies werden Insolvenzversicherer häufig nur gegen Sicherheitsleistung, etwa in Form einer Bankbürgschaft, tun. ◂

Kombination mit anderen Rechtsformen

Die GmbH ist daher für Alvaro nur dann eine geeignete Rechtsform, wenn er mit ihr das notwendige Kapital beschaffen kann. Die GmbH selbst eröffnet zwar Möglichkeiten der Kapitalbeschaffung, häufig wird jedoch eine Kombination mit anderen Rechtsformen erforderlich werden.

## Eigenkapital und Fremdkapital

Möglichkeiten der Kapitalbeschaffung

Verfügt Alvaro selbst nicht über genügend Mittel, die er in die GmbH als Eigenkapital einlegen kann, so muss er durch weitere Personen **Eigenkapital** oder aber **Fremdkapital** beschaffen. Die Beschaffung von weiterem Eigenkapital kann z. B. dadurch erfolgen, dass weitere Gesellschafter in die GmbH aufgenommen werden. Dadurch gibt Alvaro allerdings auch einen Teil seiner Macht auf, da die neuen Gesellschafter jeweils auch über Stimmrechte verfügen werden. Eine Möglichkeit, die Macht in der GmbH weitgehend zu behalten, bietet die Aufnahme von stillen Gesellschaftern, die sich an der GmbH beteiligen, ohne jedoch auf der Gesellschafterversammlung der GmbH stimmberechtigt zu sein. Die Rechte der stillen Gesellschafter werden individuell ausgehandelt. Hier kommt es auf das Verhandlungsgeschick von Alvaro an. Viele stille Gesellschafter möchten nichts anderes, als ihr Geld mit Gewinn anlegen, andere hingegen wollen auch maßgeblichen Einfluss auf die Geschäftspolitik nehmen. Insbesondere VC-Geber (VC = Venture Capital = Wagnis- bzw. Risiko-Kapital) lassen sich eine Vielzahl von Rechten einräumen. Sie bestehen häufig sogar auf einer Garantieverzinsung, die unabhängig vom entstandenen Gewinn zahlbar ist. Dies ist jedoch gerade nicht typisch für eine stille Gesellschaft, vielmehr bekommt der Stille gewöhnlich nur dann eine Ausschüttung, wenn tatsächlich auch Gewinn entsteht. Auch so genannte Businessangel (BA) lassen sich als stille Gesellschafter gern aufnehmen. Es handelt sich häufig um Privatpersonen, die einen Teil ihres Vermögens in eine Existenzgründung stecken möchten, ohne dass sie jedoch selbst am Aufbau des Unternehmens tagtäglich mitwirken wollen. Sie beschränken sich in der Regel auf die Rolle des reinen Kapitalanlegers, gegebenenfalls noch ergänzt um die Funktion des Ratgebers des Gründers.

Gefahr der Überschuldung

Stille Einlagen werden in der Bilanz der GmbH übrigens als Fremdkapital bilanziert, dies kann, wenn die Gesellschaft nur mit dem Mindeststammkapital von 25.000 € ausgestattet ist und sonst über kein weiteres Eigenkapital verfügt, zur Folge haben, dass die GmbH alsbald nach der Aufnahme ihres Geschäftsbetriebs überschuldet ist. Bei einer Überschuldung sind die Geschäftsführer verpflichtet, unverzüglich Insolvenzantrag zu stellen. In der Praxis wird dies vermieden, indem die stillen Gesellschafter einen so genannten Rangrücktritt erklären. Das heißt, sie erklären, dass sie mit ihren Forderungen im Rang hinter die sonstigen Gläubiger zurücktreten. Das bedeutet, dass die stillen Gesellschafter im Insolvenzverfahren nur nachrangig nach den sonstigen Gläubigern befriedigt werden. Die nachrangig gegenüber den stillen Gesellschaftern zu bedienenden Schulden werden daher bei der Ermittlung der Überschuldung nicht berücksichtigt. Dadurch kann eine Insolvenzreife ausgeräumt werden.

## Welche Darlehen kann ich aufnehmen?

Für die Finanzierung ist vor allem die Aufnahme von Darlehen in Erwägung zu ziehen. Hier sollte sich der Gründer über Kreditprogramme der Europäischen Union, des Bundes bzw. der Länder und ihrer Institutionen informieren. Insbesondere die Kreditanstalt für Wiederaufbau bzw. die Deutsche Ausgleichsbank bieten eine Reihe von Programmen an, welche ständig aktualisiert und variiert werden.
Häufig ist nicht die GmbH Kreditnehmer, sondern der Existenzgründer selbst, die Darlehensmittel werden aber oftmals direkt in das Gesellschaftsvermögen bezahlt. So etwa bei dem weit verbreiteten Eigenkapitalhilfe-Darlehen der Deutschen Ausgleichbank. Die ebenfalls häufig anzutreffenden ERP-Darlehen hingegen werden direkt an die GmbH gewährt.

Gründer als Kreditnehmer

Nimmt der Gründer persönlich Kredit auf, so muss er darauf achten, wie er die Kreditmittel in die Gesellschaft einbringt. Er kann sie als Eigenkapital, z. B. zur Begleichung seiner Stammeinlage oder als Fremdkapital einbringen. Bei der Einbringung der Darlehensmittel als Fremdkapital muss das Innenverhältnis zwischen dem Existenzgründer und seiner Gesellschaft geregelt werden. Hier wird meist ein Kreditvertrag zwischen Gründer und GmbH abgeschlossen, der inhaltsgleich mit dem Kreditvertrag ist, den der Gründer mit seinem Geldgeber abgeschlossen hat. In der Folgezeit werden die Kreditraten – zur Verkürzung des Zahlungswegs – aus dem Gesellschaftsvermögen an den Kreditgeber entrichtet. Fehlt ein (schriftlicher) Kreditvertrag, besteht die Gefahr, dass dann, wenn der Gründer ausscheidet, etwa weil er sich mit seinen Mitgesellschaftern überwirft, diese die Zahlung der Raten an die Bank einstellen und den Ausgeschiedenen darauf verweisen, die Kreditraten nunmehr allein zurückzuzahlen. Hat der Existenzgründer nicht von Anfang an klar geregelt, dass die GmbH, die schließlich auch den Kreditbetrag bekommen hat, sämtliche Zahlungen, das heißt sowohl Tilgung als auch Zins übernimmt, wird es schwierig, den Anspruch durchzusetzen. Im Extremfall kann es passieren, dass der ausgeschiedene Gesellschafter seinen eigenen Kredit allein zurückführen muss, ohne Erstattung aus dem Gesellschaftsvermögen zu erhalten. Hat der Gründer hingegen seinen Kreditbetrag als Eigenkapital, z. B. für die Aufbringung des Stammkapitals zugeführt, muss er die Raten selbst zahlen. Verwendet er hierfür das Gesellschaftsvermögen, stellt dies grundsätzlich eine Entnahme dar.

Bürgschaften der Gesellschafter

Als Letztes kommen schließlich von der Gesellschaft aufzunehmende gewöhnliche Bankkredite in Betracht, die allerdings bei Existenzgründern häufig durch Bürgschaftsbanken zumindest teilweise zugunsten der kreditgebenden Banken abgesichert werden. Bei Bankkrediten sind zudem persönliche Bürgschaften aller Gründer die Regel. Der Existenzgründer sollte sich sehr genau überlegen, ob er tatsächlich den Bankkredit benötigt und hierfür bereit ist, persönlich für die Rückzahlung des Kredits einzustehen.

Die GmbH bietet somit alle Möglichkeiten der Kapitalbeschaffung, wobei jedoch – wie erwähnt – insbesondere bei Bankkrediten häufig der Grundsatz des Ausschlusses der persönlichen Haftung wegen der Forderung nach persönlichen Bürgschaften des Gesellschafters eingeschränkt bzw. aufgeweicht wird.

Kein Börsenzugang

Ein Nachteil bei der Kapitalbeschaffung besteht jedoch darin, dass die GmbH keinen Zugang zu den Kapitalmärkten, insbesondere zu den Börsen hat. Die Anteile an einer GmbH können also nicht an einer Börse zugelassen werden.

## Welche Fördermittel bekomme ich?

Der Existenzgründer sollte sich umfassend über die zur Verfügung stehenden Fördermittel informieren. Dies betrifft sowohl öffentliche als auch private Fördermittel. Detailliert zu den öffentlichen Fördermitteln siehe die CD „Öffentliche Fördermittel“ von Haufe.

Fördermittel werden unter anderem aufgrund von Programmen der Europäischen Union, des Bundes, der Länder sowie ihrer Institutionen, wie z. B. der Kreditanstalt für Wiederaufbau, der Deutschen Ausgleichsbank gewährt. Die Art der Förderung kann ganz unterschiedlich ausfallen. Die Mittel können in Form von Eigenkapital als echter Zuschuss oder gegen Gewährung einer Beteiligung zugeführt werden. Fördermittel werden in Gestalt von Lohnkostenzuschüssen, Zinszuschüssen zu Darlehen bzw. durch die Bereitstellung von Bürgschaften gewährt. Auch die kostenlose Beratung, z. B. die Stellung eines Coachs stellt eine Förderung dar.

Ob und in welchem Umfang Fördermittel gewährt werden, hängt von verschiedenen Kriterien ab. Eine Rolle spielen der Investitionsort, die Branche sowie der Investitionszweck.
Für jedes Projekt muss individuell geprüft werden, welche Fördermittel in Anspruch genommen werden können. Allerdings muss sich der Existenzgründer davor hüten, sein Konzept ausschließlich danach auszurichten, inwieweit eine Förderung erwartet werden kann. Vielmehr ist das umgekehrte Vorgehen empfehlenswert. Der Existenzgründer sollte zunächst sein Konzept entwickeln und sodann prüfen, ob er hierfür auch Fördermittel erhält. Aufgrund der Vielzahl der Geldgeber und der Fördermöglichkeiten, kann auf Einzelfälle nicht eingegangen werden. Auskünfte erteilen die örtlich zuständigen Industrie- und Handelskammern, die Handwerkskammern sowie zahlreiche Banken.

**Wichtige Adressen:**

CD-ROM

- Bundesanstalt für Arbeit
  Regensburger Straße 104
  90478 Nürnberg
  Tel.: (09 11) 17 90
  Fax: (09 11) 1 79 32 58
  E-Mail: Hauptstelle@arbeitsamt.de
  URL: www.arbeitsamt.de
- Kreditanstalt für Wiederaufbau (KfW) – Die Mittelstandsbank
  Palmengartenstraße 5-9
  60325 Frankfurt am Main
  Tel.: (0 69) 7 43 10
  Fax: (0 69) 74 31 29 44
  E-Mail: iz@ikfw.de
  URL: www.kfw.de
- Deutsche Ausgleichsbank (DtA) – Die Mittelstandsbank
  Wielandstraße 4
  53173 Bonn
  Tel.: (02 28) 83 10
  Fax: (02 28) 8 31 24 00

E-Mail: dtabonn@dta.de
URL: www.dta.de

- DtA (Tagesberater) – Die Mittelstandsbank
  Sarrazinstr. 11-15
  12159 Berlin
  Tel.: (0 30) 85 08 50
  Fax: (0 30) 85 08 54 29
  URL: www.dta.de

## Ich-AG und Überbrückungsgeld

Weitere Möglichkeiten der Förderung sind das vom Arbeitsamt für die ersten sechs Monate der Selbstständigkeit gewährte Überbrückungsgeld sowie der Existenzgründerzuschuss für die Gründer einer Ich-AG, der für die Dauer von bis zu drei Jahren gewährt wird. Beide Leistungen schließen sich einander aus. Diese können also nicht kumulativ in Anspruch genommen werden. Sowohl das Überbrückungsgeld als auch den Existenzgründungszuschuss erhalten nur jene Personen, die Entgeltersatzleistungen, wie Arbeitslosengeld, Arbeitslosenhilfe, Unterhaltsgeld beziehen oder eine Arbeitnehmerbeschaffungs- bzw. Strukturanpassungsmaßnahme durchlaufen haben. Ziel ist es, den Haushalt der Bundesanstalt für Arbeit und der sonstigen Sozialkassen zu entlasten. Daher erhält z. B. der Student, der sich nach Abschluss seines Studiums selbstständig macht, beide Leistungen nicht.
Das Überbrückungsgeld wird für sechs Monate gewährt, sofern Mittel vorhanden sind. Nicht jeder Gründer erhält diese Leistung. Voraussetzung ist zudem, dass eine fachkundige Stelle, z. B. die Industrie- und Handelskammer, ein Steuerberater oder eine Bank bescheinigt, dass die Existenzgründung tragfähig ist. Das Überbrückungsgeld setzt sich zusammen aus einem Betrag, den der Arbeitnehmer als Arbeitslosengeld oder Arbeitslosenhilfe zuletzt bezogen hat oder bei Arbeitslosigkeit hätte beziehen können und den darauf entfallenden pauschalierten Sozialversicherungsbeiträgen.
Die **Ich-AG** ist keine Aktiengesellschaft, sondern eine rechtsformunabhängige Unterstützung des Existenzgründers für den Sprung in die Selbstständigkeit. Der Zuschuss wird für die Dauer von maximal drei Jahren vom Arbeitsamt gezahlt, sofern bestimmte Voraussetzungen vorliegen, z. B. das

Arbeitseinkommen pro Jahr 25.000 € nicht übersteigt. Der Zuschuss wird jeweils längstens für ein Jahr bewilligt. Er beträgt im ersten Jahr nach Beendigung der Arbeitslosigkeit monatlich 600 €, im zweiten Jahr monatlich 360 € und im dritten Jahr monatlich 240 €.

## Brauche ich ein Marketing-Konzept oder einen Business-Plan?

Praxis-Beispiel

**„Mit Baggern Geld verdienen"**

Bernd Schmidt hat jahrelang als Verkäufer im Baumaschinenhandel gearbeitet. Er möchte sich in diesem Bereich selbstständig machen. Bernd hätte die Möglichkeit bei einer Versteigerung günstig Baumaschinen zu erwerben. ◂

Geschäftsidee

Am Anfang steht die Geschäftsidee. Der Existenzgründer muss prüfen, ob seine Idee Aussicht hat, erfolgreich umgesetzt zu werden. Bernd müsste zuallererst klären, ob er mit seiner Idee Geld verdienen kann. Hierfür wird Bernd zunächst den Markt sondieren, was ihm nicht schwer fallen wird, weil er die erforderlichen Branchenkenntnisse hat. Dies betrifft eine Analyse der Konkurrenzunternehmen sowie des Zielmarkts, das heißt der Unternehmen, die er mit Baumaschinen beliefern will, aber auch des Einkaufsmarkts. Bernd muss abschätzen, ob er in der Lage ist, mit Gewinn ein Unternehmen am Markt zu etablieren. Um dies zu ermitteln, bietet sich die Anfertigung eines Business-Plans an.

Business-Plan

In diesem wird zunächst die Geschäftsidee geschildert und sodann das **Marketing-Konzep**t vorgestellt. Dazu gehört eine Darstellung des Sortiments und der Märkte. Vor allem aber muss deutlich werden, wie der Kundenkontakt hergestellt wird bzw. wie Kunden gewonnen werden sollen. Bernd Schmidt könnte beispielsweise, was sehr kostenintensiv wäre, einen Katalog drucken. Da die Geschäfte jedoch schnell abgewickelt werden müssen, also eine erworbene Maschine möglichst zeitnah weiterverkauft werden sollte, wäre der Katalog schon zum Zeitpunkt seines Erscheinens veraltet. Bernd könnte Inserate über die zum Verkauf stehende Baumaschinen in Fachmagazinen schalten oder ein Internet-Portal für den Verkauf von Baumaschinen aufbauen. Denkbar wäre auch, dass Bernd den potentiellen Käufern die Baumaschinen per E-Mail oder Fax zum Kauf anbietet. Zu beachten ist allerdings, dass die Zusendung von E-Mails oder Faxen ohne Einwilligung des Empfängers grundsätzlich wettbewerbswidrig und damit unzulässig ist. Dies müsste Bernd Schmidt bei der Organisation berücksichtigen. Zum Marketing-Konzept gehört auch eine Einschätzung des Absatzes. Bernd sollte darlegen, wie viele Maschinen er pro Zeitabschnitt, z. B. pro Monat zu welchem Umsatz zu verkaufen gedenkt. Wichtig für ihn ist die Ermittlung des so genannten Deckungsbeitrags, das heißt der Differenz zwischen dem Umsatz, den er mit einer Baumaschine erzielen wird und den Kosten, die dieser Baumaschine unmittelbar zuzurechnen sind. Dies wäre hier der Einkaufpreis für die Baumaschine und die mit dem Einkauf verbundenen Kosten, z. B. für den Transport. Mit dem Deckungsbeitrag sind dann alle sonstigen Kosten, beispielsweise für das Büro, das Personal und den Lagerplatz anteilig zu bestreiten, wobei am Ende ein Gewinn verbleiben sollte.

Organisation

Nach der Darstellung des Marketing-Konzepts könnte Bernd im Business-Plan erläutern, wie er das Geschäft zu organisieren gedenkt. Arbeitet er über angestellte Verkäufer bzw. Einkäufer? Beschäftigt er Handelsvertreter? Wie organisiert er den Einkauf und Vertrieb? Lagert er die Buchhaltung aus oder erledigt er sie hausintern? Wo werden die Baumaschinen gelagert und welche Kosten entstehen hierdurch? Wie wird sichergestellt, dass die Baumaschinen tatsächlich dem Veräußerer gehören? Welche Versicherungen werden benötigt? Für die einzelnen Bereiche sind die anfallenden Kosten abzuschätzen.

Liquiditäts- und Finanzplanung

In der nächsten Stufe des Business-Plans ist unter Berücksichtigung der prognostizierten Umsätze eine Liquiditäts- und Finanzplanung zu erstellen. Bernd muss also prüfen, ob sein Geld ausreicht, um sein Vorhaben in die Gewinnzone zu bringen. Bernd hat zu berücksichtigen, dass er viel Kapital durch den Einkauf der Baumaschinen bindet; veräußert er diese nicht oder nicht so zügig wie geplant, wird dies die Liquidität stark beeinträchtigen. Bernd muss den Lagerplatz und das Büro finanzieren. Er muss Störfälle einplanen, beispielsweise dass ein Käufer nicht zahlt und im schlimmsten Fall die Maschine nicht wieder herausgibt. Umgekehrt kann es passieren, dass eine Maschine, die Bernd kauft, gar nicht vom Verkäufer verkauft werden darf, weil sie ihm nicht gehört, sondern von ihm nur gemietet wur-

de. Hat Bernd schon eine Anzahlung getätigt, ist diese, wenn er einem Betrüger aufgesessen ist, gegebenenfalls verloren.
Bernd muss ermitteln, ob sein eigenes Kapital ausreicht oder ob er welches von dritter Seite benötigt. Den Ausgaben und Investitionen sind die erwarteten Umsätze gegenüberzustellen. Bernd braucht mindestens soviel Kapital, um die durch die Anfangsinvestitionen verursachte Verlustphase zu überbrücken. Siehe zur Aufstellung eines Business-Plans im Einzelnen den Erste Hilfe Ratgeber von Uwe Herzberg, „Mein Business-Plan".

## Welche finanziellen Regelungen sollte ich mit meinem (Ehe-)Partner vereinbaren?

Regelungen mit dem (Ehe-) Partner

Mit dem Sprung in die Selbstständigkeit sind eine Reihe von Haftungsrisiken verbunden, selbst wenn ein Großteil der Haftung durch die GmbH abgeschirmt wird. Durch die Übernahme persönlicher Bürgschaften sowie die Einstandspflicht des Geschäftsführers für Steuerschulden und Arbeitnehmerbeiträge zur Sozialversicherung, verbleiben nicht unerhebliche Risiken beim Gesellschafter-Geschäftsführer. Anlässlich einer Existenzgründung ist daher gegebenenfalls mit dem Ehepartner ein Ehevertrag aufzusetzen bzw. ein vorhandener Ehevertrag anzupassen. Eine etwaig vorhandene gemeinsame Immobilie, z. B. das Eigenheim, sollte im Vorfeld auf den (Ehe-)Partner übertragen werden. Ist die Anschaffung einer Immobilie geplant, ist zu überlegen, ob diese ausschließlich vom Partner angeschafft wird. Der Existenzgründer kann sich zu seiner Absicherung für den Fall der Scheidung oder Trennung ein lebenslanges persönliches Wohnrecht an der Immobilie einräumen lassen. Auch sind detaillierte Regelungen darüber zu treffen, was bei Scheitern der Beziehung mit dem Eigenheim und einem zur Finanzierung aufgenommenen Kredit geschieht.

Scheidung bei erfolgreicher Existenzgründung

Umgekehrt sollte auch Vorsorge für den Fall der Trennung bzw. Scheidung bei erfolgreicher Existenzgründung getroffen werden. Hat beispielsweise die Existenzgründerin als mittellose Studentin" geheiratet, gründet sie sodann ihr Unternehmen und lässt sie sich zehn Jahre später scheiden, fällt der Wert des Unternehmens in den Zugewinnausgleich. Im Fall der Scheidung ist – sofern keine andere Regelung vereinbart – wurde, der von den Ehepartnern in der Ehe erwirtschaftete Zugewinn auszugleichen. Besteht beispielsweise der Zugewinn ausschließlich in der Wertsteigerung des GmbH-Anteils und hat der andere Ehepartner überhaupt keinen Zugewinn erwirtschaftet, erfolgt der Ausgleich, indem die GmbH-Gesellschafterin ihrem (ehemaligen) Ehepartner die Hälfte des Werts des GmbH-Anteils vergütet. Dies kann dazu führen, dass sich der ausgleichspflichtige Ehepartner verschulden oder gegebenenfalls den Anteil ganz oder teilweise verkaufen muss, um den Ausgleich zu finanzieren. Auch kann durch die Zahlung des Ausgleichs die Liquidität des Unternehmens stark belastet werden, sofern sich der ausgleichspflichtige Partner zur Finanzierung des Gesellschaftsvermögens bedient, das er z. B. als Darlehen an sich ausschütten könnte. Abhilfe schafft die Vereinbarung von Gütertrennung oder einer Modifikation des gesetzlichen Zugewinnausgleichs, z. B. indem man das Betriebsvermögen ausklammert und den Ausgleich auf das Privatvermögen beschränkt.

## Was kostet die Gründung?

Notar- und Gerichtskosten

Die Gründung einer GmbH ist mit Kosten verbunden. Unvermeidlich ist die Entrichtung der Notar- sowie der Handelsregisterkosten. Diese Kosten richten sich nach der Kostenordnung, die die Gebühren meist nach dem so genannten Gegenstandswert festlegt. Bei der GmbH setzt man das Stammkapital an. Die Gründung einer GmbH mit einem Stammkapital von 25.000 €, d. h. dem Mindeststammkapital, kostet ca. 450 € Notarkosten zuzüglich gesetzlicher Mehrwertsteuer (derzeit 16 %). Bei einer Einpersonen-GmbH sind die Notarkosten geringer (ca. 280 € netto).
Das Handelsregister erhebt für die Prüfung und die Eintragung der Gesellschaft sowie die Bekanntmachungskosten einen Betrag in Höhe von 200 €. Der Betrag variiert, da die Kosten für Bekanntmachung der Eintragung der GmbH in den entsprechenden Tageszeitungen bzw. im Bundesanzeiger schwanken.

Sonstige Kosten

Weitere Kosten können durch eine markenrechtliche Prüfung der beabsichtigten Firmierung sowie durch Rechtsberatung entstehen. Gerade wenn mehrere Gesellschafter beteiligt sind, kann es sinnvoll sein, dass sich diese vor dem Abschluss anwaltlich, gegebenenfalls auch getrennt, das heißt jeder durch einen Anwalt seines Vertrauens, beraten lassen. Diese Beratung umfasst nicht nur die Klauseln des Gesellschaftsvertrags, sondern auch die Regelung der sonstigen Verhältnisse, etwa den Abschluss des Geschäftsführervertrages oder die Änderung bestehender Testamente oder Eheverträge. Dies gilt insbesondere dann, wenn mit der beabsichtigten Gründung der GmbH, etwa durch Übernahme von Bankbürgschaften, gegenüber dem finanzierenden Kreditinstitut persönliche Haftungsrisiken eingegangen werden.

### So sparen Sie Notarkosten

Es lassen sich Kosten dadurch sparen, wenn die Gesellschafterliste, die nicht der notariellen Form bedarf, von den Gesellschaftern selbst angefertigt und beim Handelsregister eingereicht wird. Schließlich muss auch der Gesellschafterbeschluss, mit dem der erste Geschäftsführer bestellt wird, nicht notariell beurkundet werden. Diesen Beschluss können die Gesellschafter ohne Notar fassen. Durch diese beiden Maßnahmen lassen sich ca. 180 € netto Notarkosten bei einer GmbH mit einem Mindeststammkapital von 25.000 € einsparen.

# Teil II: Wie gründe ich eine GmbH?

# Was habe ich beim Gesellschaftsvertrag zu beachten?

## Grundsätzliches

Der Gesellschaftsvertrag (Satzung) ist das rechtliche Kernstück der GmbH. Die Gründer sollten daher in die Satzung alles das aufnehmen, was zwischen ihnen im Hinblick auf die künftige Zusammenarbeit ausgehandelt worden ist. Mindestens gehören in die Satzung die Firma und der Sitz der Gesellschaft, der Gegenstand des Unternehmens, der Betrag des Stammkapitals sowie die auf jeden einzelnen Gesellschafter entfallende Stammeinlage. Damit sollten sich die Gründer jedoch nicht begnügen, vielmehr sollten sie ergänzende Regelungen aufnehmen. Solche Klauseln können Wettbewerbsverbote der Gesellschafter oder die sonstigen Sonderpflichten, etwa zur Mitarbeit, betreffen. Verfügt ein Gesellschafter über ein Computerprogramm, auf dessen Nutzung die GmbH angewiesen ist, sollte dies beispielsweise in die Satzung aufgenommen werden.

Satzung ist Grundordnung

Die Gründer müssen sich vergegenwärtigen, dass die Satzung dann von Bedeutung ist, wenn es zu Streitigkeiten oder Spannungen kommt. Die beste Satzung ist freilich diejenige, die in der Schublade bleibt und fortan nie mehr benötigt wird. Kommt es jedoch zu Spannungen, sollten Regelungen zur Verfügung stehen. Dies betrifft beispielsweise den Ablauf der Gesellschafterversammlung, also etwa die Frage, wie Beschlüsse festzustellen sind, ob sie zu protokollieren sind, wer die Versammlungsleitung übernimmt, wie Beschlüsse vor Gericht anfechtbar sind usw. Auch die Frage, ob und unter welchen Voraussetzungen Beistände zur Gesellschafterversammlung, etwa ein Rechtsanwalt, zuzulassen sind, erlangt dann Bedeutung. Sind solche Punkte bereits geregelt, wird zusätzlicher Streit vermieden.

Ergänzende Regelungen sinnvoll

Regelung für Fälle der Trennung

Insbesondere Regelungen für die Auseinandersetzung, das heißt für das Ausscheiden des einzelnen Gesellschafters, sollten bereit gehalten werden. So sieht etwa das GmbH-Gesetz die Kündigung des Gesellschaftsvertrags mit der Folge des Ausscheidens des Kündigenden nicht vor. Eine solche Klausel und ihre Voraussetzungen sollten aufgenommen werden. Gleiches gilt für die in diesem Fall zu zahlende Abfindung, wobei hier ein Kompromiss zwischen der Liquidität der Gesellschaft und dem Abfindungsinteresse des ausscheidenden Gesellschafters gefunden werden muss. In der Praxis wird daher die Abfindung häufig in Raten auszuzahlen sein. Auch die Höhe der Abfindung ist ein häufiger Streitpunkt. Hier gibt es unterschiedliche Bewertungsmethoden, die sich am Ertragswert oder auch am Substanzwert des Unternehmens orientieren. Allen Beteiligten sollte aber auch klar sein, dass selbst die beste Satzung Streit nicht gänzlich vermeidet und immer noch Unklarheiten verbleiben. Diese Unklarheiten sollten jedoch auf das notwendige Minimum reduziert werden.

Die hier vorgeschlagene Satzung hat sich in der Praxis bewährt. Sie ist freilich auf die Besonderheiten des jeweiligen Einzelfalls anzupassen, insofern handelt es sich um eine Mustersatzung, die die Individualsatzung nicht komplett ersetzen kann. Allerdings sieht die Mustersatzung selbst schon an verschiedenen Stellen Alternativen vor, die den Bedürfnissen des Einzelfalls Rechnung tragen.

# Muster für einen GmbH-Gesellschaftsvertrag

CD-ROM

**Gesellschaftsvertrag der Monica Musterfrau GmbH**

**§ 1**

**Firma und Sitz der Gesellschaft**

(1) Die Gesellschaft ist eine Gesellschaft mit beschränkter Haftung unter der Firma Monica Musterfrau GmbH.

(2) Die Gesellschaft hat ihren Sitz in (Ort).

**§ 2**

**Unternehmensgegenstand**

(1) Gegenstand des Unternehmens ist [bitte einsetzen].

(2) Die Gesellschaft darf alle damit zusammenhängenden und den Gesellschaftszweck fördernden Geschäfte tätigen.

(3) Die Gesellschaft ist berechtigt, sich an anderen Unternehmen zu beteiligen, auch die Geschäftsführung und die persönliche Haftung in Kommanditgesellschaften zu übernehmen und Zweigniederlassungen im In- und Ausland zu errichten.

**§ 3**

**Stammkapital/Stammeinlagen**

(1) Das Stammkapital der Gesellschaft beträgt 25.000 Euro (fünfundzwanzigtausend Euro).

(2) Auf das Stammkapital übernehmen:
a) Frau Monica Musterfrau eine Stammeinlage von 12.500 Euro
b) Herr Mario Mustermann eine Stammeinlage von 12.500 Euro

(3) Die Stammeinlage ist in Geld zu erbringen und zwar zur Hälfte sofort.

**§ 4**

**Vertretung/Geschäftsführung**

Leitung der Gesellschaft

(1) Die Gesellschaft hat einen oder mehrere Geschäftsführer. Ist nur ein Geschäftsführer bestellt, so vertritt dieser die Gesellschaft allein. Sind mehrere Geschäftsführer bestellt, so wird die Gesellschaft durch zwei Geschäftsführer gemeinsam oder durch einen Geschäftsführer in Gemeinschaft mit einem Prokuristen vertreten. Durch Gesellschafterbeschluss kann einzelnen Geschäftsführern die Befugnis zur alleinigen Vertretung sowie die Befreiung von den Beschränkungen des § 181 BGB erteilt werden.

Mehrere Geschäftsführer

(2) Hat die Gesellschaft mehrere Geschäftsführer, so sind diese berechtigt, durch eine Geschäftsordnung, die von der Gesellschafterversammlung zu genehmigen ist, eine Ressortaufteilung vorzunehmen (bei Bedarf: Für die Abberufung eines Gesellschafter-Geschäftsführers bedarf es eines wichtigen Grundes).

Zustimmungskatalog

(3) Der Geschäftsführer, [bei Bedarf: der nicht gleichzeitig Gesellschafter ist,] bedarf für sämtliche Geschäfte im Innenverhältnis – unbeschadet seiner Vertretungsmacht im Außenverhältnis -, die über den gewöhnlichen Geschäftsbetrieb der Gesellschaft hinausgehen, der Genehmigung der Gesellschafterversammlung [bei Bedarf: gegebenenfalls der Zustimmung des Beirats]. Insbesondere bedürfen folgende Rechtsgeschäfte der Zustimmung der Gesellschafterversammlung (Katalog unbedingt auf Einzelfall anpassen):

1. Sämtliche Grundstücksgeschäfte, sowohl Verpflichtungs- als auch Erfüllungsgeschäfte, einschließlich der Belastung, der Veräußerung und des Erwerbs von Grundstücken,
2. Verträge mit einem Volumen, das einen Betrag von (bitte einsetzen) Euro übersteigt,
3. die Eingehung von Dauerschuldverhältnissen mit einer monatlichen Verpflichtung von mehr als (bitte einsetzen) Euro,
4. die Anstellung und Entlassung von Arbeitnehmern mit Ausnahme von geringfügig oder kurzfristig beschäftigten Mitarbeitern,
5. die Einräumung von Sonderleistungen gegenüber Arbeitnehmern oder freien Mitarbeitern, durch die diesen Versorgungsleistungen, Tantiemen oder sonstige Ansprüche eingeräumt werden,
6. die Aufnahme von Krediten, die Eingehung von Wechselverbindlichkeiten und Bürgschaftsverpflichtungen,
7. die Gewährung und die Zusage von Krediten sowie die Einräumung von Sicherheiten aus dem Gesellschaftsvermögen für Dritte,
8. die Eröffnung und die Aufgabe von Filialen bzw. Zweigniederlassungen,
9. die Veräußerung und Verpachtung des Unternehmens bzw. des Betriebs oder von Betriebsteilen,
10. die Erteilung und der Widerruf von Prokura und Generalhandlungsvollmacht,
11. der Abschluss, die Aufhebung und die Änderung von Verträgen mit verschwägerten oder verwandten Personen eines Gesellschafters oder eines Geschäftsführers.

## § 5
## Gesellschafterversammlung/Beschlüsse

(1) Die Einberufungsfrist für eine Gesellschafterversammlung beträgt zwei Wochen. Die Einberufung erfolgt durch eine Einladung, die mit eingeschriebenem Brief versandt wird. Der Einladung ist eine Tagesordnung beizufügen. Die Einberufungsfrist beginnt mit der Einlieferung der Einschreiben bei der Post. Alternativ ist auch die persönliche Übergabe der Einladung nebst Tagesordnung zulässig, wobei der Gesellschafter (Vertretung ist unzulässig) den Empfang durch Unterschrift zu bestätigen hat. Einberufungsfrist

(2) Erscheinen sämtliche Gesellschafter auf der Gesellschafterversammlung, können sie beschließen, unter Verzicht auf alle Formen und Fristen Beschlüsse zu fassen. Die Beschlussfähigkeit ist zu Beginn der Gesellschafterversammlung durch einen Versammlungsleiter festzustellen. Vollversammlung

(3) Der Versammlungsleiter wird von der Gesellschafterversammlung zu Beginn der Sitzung bestimmt. Kommt keine Einigung zustande, so ist der älteste Gesellschafter Versammlungsleiter. Der Versammlungsleiter hat über die Gesellschafterversammlung eine Sitzungsniederschrift anzufertigen, in der mindestens der Versammlungsort, das Datum, die Uhrzeit, die Teilnehmer sowie die gestellten Beschlussanträge, der Wortlaut der gefassten Beschlüsse sowie die Abstimmungsergebnisse (Ja-Stimmen, Nein-Stimmen, Enthaltungen und ungültige Stimmen) aufzunehmen sind. Bei den gefassten Beschlüssen ist auf Wunsch des betreffenden Gesellschafters unter Nennung seines Namens anzugeben, wie dieser abgestimmt hat. Jeder Gesellschafter kann beantragen, dass seine in der Gesellschafterversammlung geäußerten Vorschläge oder Bedenken zu einzelnen Gegenständen in die Sitzungsniederschrift aufgenommen werden. Die Sitzungsniederschrift ist vom Versammlungsleiter zu unterschreiben und von diesem – bzw. auf dessen Weisung vom Geschäftsführer – an die Gesellschafter mit einfachem Brief zu übermitteln. Einwendungen gegen die Richtigkeit und Vollständigkeit der Sitzungsniederschrift sind binnen einer Frist von vier Wochen nach Zugang gegenüber dem Versammlungsleiter zu erheben. Der Versammlungsleiter – bzw. auf dessen Weisung der Geschäftsführer – hat den Berichtigungsantrag den anderen Gesellschaftern zur Stellungnahme zu übermitteln. Besteht Uneinigkeit über den gefassten Inhalt, so begründet das Protokoll keine Vermutung für die Vollständigkeit und Richtigkeit des Inhalts. Werden Einwendungen gegen die Richtigkeit des Protokolls nicht fristgemäß erhoben, so liegt hingegen diese Vermutung vor. Versammlungsleitung/Protokoll

Beschluss-fähigkeit

(4) Die Gesellschafterversammlung ist beschlussfähig, wenn mindestens 50 % aller Stimmen anwesend sind, auf Stimmverbote oder Stimmenbotschaften kommt es hierbei nicht an. Ist die Gesellschafterversammlung nicht beschlussfähig, so ist unter Einhaltung der in Absatz 1 genannten Formalien mit gleicher Tagesordnung eine erneute Gesellschafterversammlung einzuberufen, die dann unabhängig von der Anzahl der anwesenden Stimmen beschlussfähig ist. Hierauf ist in der Ladung hinzuweisen.

Mehrheits-klausel

(5) Die Gesellschafterversammlung entscheidet in ihren Angelegenheiten durch Beschluss. Beschlüsse werden mit der Mehrheit der abgegebenen Stimmen gefasst, sofern dieser Gesellschaftsvertrag oder das Gesetz nicht etwas anderes bestimmen.

Vertretung/ Stimmen-botschaften

(6) Eine rechtsgeschäftliche Vertretung im Stimmrecht ist nicht zulässig. (oder: Eine Vertretung im Stimmrecht bedarf einer schriftlichen Vollmacht, wobei eine Telefaxunterschrift oder eine qualifizierte elektronische Signatur, nicht jedoch die Textform ausreichend sind. Oder bei Bedarf [zusätzlich zu Satz 1]: Statthaft ist jedoch eine Stimmenbotschaft, d. h. abwesende Gesellschafter können dadurch an der Beschlussfassung teilnehmen, dass sie schriftliche Stimmabgaben überreichen lassen. Die schriftlichen Stimmabgaben können durch andere Gesellschafter überreicht werden oder an den Sitz der Gesellschaft gesandt werden. Im letzteren Fall bringt sie der Geschäftsführer ein. Schriftlich im Sinne dieser Vorschrift sind nur unterschriebene Stimmabgaben, wobei eine Telefaxunterschrift oder qualifizierte elektronische Signatur genügt. E-Mails [ohne qualifizierte elektronische Signatur], Textform, Telegramm bzw. Telex werden nicht zugelassen. Der Gesellschafter trägt das Risiko des rechtzeitigen Zugangs seiner Stimmenbotschaft. Sendet er seine Stimmabgabe an den Geschäftssitz, so muss diese mindestens einen Arbeitstag vor der Versammlung während der Bürozeiten dort eintreffen. Unzulässig sind Stimmabgaben, die einem Stimmboten einen eigenen Entscheidungsspielraum einräumen. Aus der schriftlichen Stimmabgabe muss sich eindeutig die Entscheidung des Gesellschafters ergeben.)

Beiziehung von Beratern

(7) Die Anwesenheit und Beiziehung von Beratern der Gesellschafter auf Gesellschafterversammlungen ist grundsätzlich nicht gestattet. Die Gesellschafterversammlung kann durch Beschluss die Teilnahme bzw. die Beiziehung eines Beraters unter folgenden kumulativ gegebenen Voraussetzungen zulassen:

1. Wenn der betreffende Gesellschafter beim einladenden Geschäftsführer die Teilnahme bzw. Beiziehung des Beraters binnen einer Frist von einer Woche

nach Zugang der Einladung bzw. der Tagesordnung zur Gesellschafterversammlung beantragt hat;
2. wenn der Gesellschafter Namen und Anschrift des Beraters unter Hinweis auf dessen Status (z. B. Rechtsanwalt/Steuerberater) schriftlich dem Geschäftsführer mitgeteilt hat;
3. wenn der betreffende Gesellschafter die Gründe für die Beiziehung des Beraters dem Geschäftsführer angezeigt hat. Der Geschäftsführer hat die Anmeldung des Antrags auf Beiziehung eines Beraters den übrigen Gesellschaftern unverzüglich mitzuteilen, damit diese unter Wahrung des Gleichbeehandlungsgrundsatzes ebenfalls entscheiden können, ob sie ihrerseits einen Berater hinzuziehen möchten. Die Berater, die hinzugezogen werden sollen, bleiben nach Eröffnung der Gesellschafterversammlung zunächst außerhalb des Sitzungssaals, bis die Gesellschafter nach einer Aussprache über die Teilnahme und Hinzuziehung der Berater entschieden haben. Ein Gesellschafter, der aus fachlichen oder persönlichen Gründen, z. B. infolge von Krankheit oder Gebrechlichkeit, eines Beistandes bedarf, oder ein Gesellschafter, gegen den weitreichende statusrechtliche Maßnahmen wie die Einziehung seines Geschäftsanteils oder die Abberufung seiner Person aus dem Amt des Geschäftsführers beschlossen werden sollen, hat einen Anspruch auf Hinzuziehung eines Beraters unter der Beachtung der vorgenannten Formalien. Berater dürfen nur dann zugelassen werden, wenn sie zur Berufsverschwiegenheit verpflichtet sind oder sich zur Verschwiegenheit durch schriftliche Erklärung gesondert verpflichten.

Förmliche Feststellung

(8) Gesellschafterbeschlüsse sind vom Versammlungsleiter förmlich festzustellen. Dies geschieht, indem der Versammlungsleiter nach jeder Abstimmung den Wortlaut des Beschlusses verliest, das Abstimmungsergebnis mündlich verkündet und dies in die Sitzungsniederschrift aufnimmt. Der Versammlungsleiter ist bei unklarem Abstimmungsergebnis berechtigt, auf eine förmliche Feststellung zu verzichten. Gesellschafterbeschlüsse können nur innerhalb einer Frist von sechs Wochen nach Zugang der Sitzungsniederschrift von dem jeweiligen Gesellschafter angefochten werden.

Schriftliches Verfahren

(9) Beschlüsse im schriftlichen Verfahren gemäß § 48 III GmbHG sind zulässig. Das Einverständnis der Gesellschafter zu der zu treffenden Bestimmung bzw. zu der schriftlichen Abgabe der Stimmen bedarf der Schriftform, wobei eine Telefaxunterschrift oder eine qualifizierte elektronische Signatur, nicht jedoch die Textform ausreichend sind. Die Durchführung des schriftlichen Verfahrens

kann von jedem Geschäftsführer vorgenommen werden. Die Vorschriften über die Protokollierung, förmliche Feststellung und Anfechtung, die nach dieser Satzung für in Versammlungen gefasste Beschlüsse gelten entsprechend. Die Beschlussvorlagen sowie die Niederschrift über den förmlich festgestellten Beschluss sind per Einschreiben vom Geschäftsführer an die Gesellschafter zu versenden. Das weitere Verfahren bestimmt der Geschäftsführer im Zweifel nach billigem Ermessen.

### § 6
### Einziehung/Ausschluss und Kaduzierung

Mit Einverständnis

(1) Die Einziehung des Geschäftsanteils ist mit schriftlicher Zustimmung sowie notariell beglaubigter Unterschrift unter diese Erklärung des betroffenen Gesellschafters zulässig.

Gegen den Willen

(2) Ohne Zustimmung des betroffenen Gesellschafters ist die Einziehung des Geschäftsanteils sowie der Ausschluss des Gesellschafters zulässig, wenn
a) der Geschäftsanteil von einem Gläubiger des Gesellschafters gepfändet oder sonst wie in diesen vollstreckt wird und die Vollstreckungsmaßnahme nicht innerhalb von zwei Monaten, spätestens bis zur Verwertung des Geschäftsanteils aufgehoben wird;
b) über das Vermögen des Gesellschafters ein Insolvenzverfahren eröffnet oder die Eröffnung eines solchen Verfahrens mangels Masse abgelehnt wird oder der Gesellschafter die Richtigkeit seines Vermögensverzeichnisses an Eides statt versichert hat;
c) in der Person des Gesellschafters ein wichtiger Grund vorliegt (§ 140 HGB).

Mehrere Gesellschafter

(3) Steht mehreren Mitberechtigten ein Geschäftsanteil ungeteilt zu, so ist die Einziehung gemäß Abs. 2 auch zulässig, wenn die Voraussetzungen nur in der Person eines Mitberechtigten vorliegen.

Verfahren Ausschluss/Einziehung

(4) Die Einziehung oder der Ausschluss wird durch die Geschäftsführung erklärt. Sie bedarf eines ermächtigenden Gesellschafterbeschlusses, der mit einer Mehrheit von drei Vierteln der abgegebenen Stimmen gefasst wird. Dem betroffenen Gesellschafter steht kein Stimmrecht zu. Für den Fall des Ausschlusses bevollmächtigen die Gesellschafter schon jetzt – und zwar jeder für sich als Sonderpflicht auf den Anteil mit Wirkung gegenüber etwaigen (Sonder-) Rechtsnachfolgern – die GmbH unwiderruflich durch Beschluss der Gesellschafterversammlung, namens des auszuschließenden Gesellschafters die Abtretung an einen Mitgesellschafter oder Dritten zu erklären.

(5) Die Einziehung oder der Ausschluss erfolgt gegen Zahlung einer nach § 10 dieses Vertrags zu berechnenden und auszuzahlenden Abfindung. Der Ausschluss wird mit Zugang des Beschlusses der Gesellschafterversammlung beim betroffenen Gesellschafter unbeschadet der Zahlung der Abfindung wirksam. Im Fall der Einziehung ruhen die Rechte aus dem Geschäftsanteil einschließlich des Stimmrechts ab dem Zeitpunkt, in dem der Einziehungsbeschluss dem betroffenen Gesellschafter zugeht.

Abfindung

(6) Für den Fall der Verwertung des Geschäftsanteils im Rahmen des Kaduzierungsverfahrens gemäß § 23 GmbHG können die Gesellschafter beschließen, dass diese auch durch freihändigen Verkauf geschehen kann.

Verwertung bei Kaduzierung

## § 7
## Kündigung des Gesellschafters

(1) Jeder Gesellschafter kann das Gesellschaftsverhältnis mit einer Frist von sechs Monaten zum Schluss eines Geschäftjahres kündigen. Die Kündigung hat durch eingeschriebenen Brief zu erfolgen; sie ist an die Gesellschaft zu richten.

(2) Die Kündigung hat nicht die Auflösung der Gesellschaft, sondern nur das Ausscheiden des kündigenden Gesellschafters zum Ende des betreffenden Geschäftsjahres zur Folge. Von diesem Zeitpunkt an ruhen die Gesellschafterrechte des ausscheidenden Gesellschafters.

Folge der Kündigung

(3) Der ausscheidende Gesellschafter ist verpflichtet, seinen Geschäftsanteil auf die übrigen Gesellschafter im Verhältnis ihrer Beteiligung oder – nach Wahl der Gesellschaft durch einstimmigen Gesellschafterbeschluss – auf die GmbH oder auf einen von der Gesellschaft zu benennenden Dritten zu übertragen oder die Einziehung durch Mehrheitsbeschluss zu dulden. Die bei der anteiligen Übertragung auf die Gesellschafter entstehenden unteilbaren Spitzenbeträge sind den Gesellschaftern zu Bruchteilen entsprechend ihrer Beteiligung zu übertragen, wobei anschließend ein Ausgleich über eine Kapitalerhöhung zu erfolgen hat. Jeder Gesellschafter kann, soweit Mitgesellschafter eine Übertragung des auf sie entfallenden Anteils ablehnen, die Durchführung des Versteigerungsverfahrens nach § 8 Abs. 2 so lange verlangen, wie über den Anteil noch keine Entscheidung getroffen worden ist.

Übertragung des Anteils

(4) Der ausscheidende Gesellschafter erhält eine Abfindung, die gemäß § 10 dieses Vertrags zu berechnen und auszuzahlen ist.

## § 8
## Veräußerung/Belastung von Geschäftsanteilen

Zustimmung erforderlich

(1) Für sämtliche Verfügungen über einen Geschäftsanteil (Übertragungen, Belastungen [z. B. Pfandrechte, Nießbrauch]) ist ein einstimmiger Beschluss der Gesellschafterversammlung erforderlich. Die Zustimmung wird nach Fassung eines einstimmigen Beschlusses der Gesellschafterversammlung vom Geschäftsführer gegenüber dem Veräußerer namens der Gesellschaft erteilt. Ein Anspruch auf Zustimmung besteht nicht, da der Veräußerer das Recht zur Kündigung gegen Abfindung hat.

Vorkaufsrecht

(2) Bevor der ausscheidewillige Gesellschafter sich verpflichtet, seinen Geschäftsanteil auf einen Dritten zu übertragen, ist er verpflichtet, seinen Anteil den Mitgesellschaftern anzubieten, indem er diese schriftlich per Einschreiben über die Übertragungsabsicht informiert. Jeder Gesellschafter hat das Recht, binnen eines Monats nach Einlieferung des Einschreibebriefs vom Geschäftsführer die Einberufung einer Gesellschafterversammlung zu verlangen, auf der der Geschäftsanteil unter den Gesellschaftern versteigert wird. Das Mindestgebot muss mindestens die Höhe der nach § 10 errechneten Abfindung betragen, sofern der ausscheidende Gesellschafter nicht einem niedrigen Mindestgebot zustimmt. Die Versteigerung wird von einem Notar geleitet, der das Verfahren unter Gleichbehandlung aller Gesellschafter nach eigenem Ermessen bestimmt. Für den Fall des Zuschlags beurkundet der Notar sowohl das Verpflichtungs- als auch das Verfügungsgeschäft unter der aufschiebenden Bedingung der Kaufpreiszahlung binnen 21 Tagen nach dem Zuschlag. Wird kein Versteigerungsverfahren durchgeführt, steht jedem Gesellschafter bei einer Veräußerung des Anteils an einen Dritten ein Vorkaufsrecht zu, und zwar im Verhältnis seiner Beteiligung. Das Vorkaufsrecht ist innerhalb eines Monats, nachdem die Anteilsübertragung durch den Gesellschafterbeschluss genehmigt wurde, durch schriftliche Erklärung gegenüber dem bisherigen Gesellschafter auszuüben. Macht ein Gesellschafter davon innerhalb eines Monats keinen Gebrauch, geht das Recht anteilig auf die verbleibenden Gesellschafter über. Etwaige unverteilbare Spitzenbeträge stehen den Gesellschaftern im Verhältnis ihrer Beteiligung zu Bruchteilen zu. Ein Ausgleich hat gegebenenfalls über eine Kapitalerhöhung zu erfolgen. Ergänzend gelten die Bestimmungen des BGB über das Vorkaufsrecht (§§ 463 ff. BGB).

## § 9
## Tod eines Gesellschafters

(1) Geht der Geschäftsanteil erbrechtlich kraft Erbfolge auf den oder die Erben bzw. auf einen Vermächtnisnehmer über (im Folgenden nur als Erbe bezeichnet), so ist der Erbe binnen drei Monaten nach Erlangung der Kenntnis von der Gesellschafterstellung verpflichtet, der Gesellschaft den Erwerb anzuzeigen und sich damit einverstanden zu erklären, dass der Geschäftsanteil in einem nach § 8 Abs. 2 durchgeführten Versteigerungsverfahren an einen Mitgesellschafter veräußert wird. Weigert sich der Erbe, das Versteigerungsverfahren durchführen zu lassen oder verläuft die Versteigerung ergebnislos, so ist die Gesellschafterversammlung berechtigt, die Einziehung ohne Zustimmung des Erben gegen Abfindung zu beschließen. Fortsetzung oder Einziehung

(2) Das Versteigerungsverfahren bzw. die Einziehung sind binnen zehn Monaten ab dem Zugang der Anzeige des Erben bei der Gesellschaft bzw. ab sonstiger Kenntniserlangung aller Gesellschafter vollständig durchzuführen. In diesem Zeitraum ruht das Stimmrecht aus dem(n) Geschäftsanteil(en) des verstorbenen Gesellschafters. Fristen

(3) Steht der Anteil einer Erbengemeinschaft zu, so ist diese verpflichtet, zur Ausübung ihrer Rechte einen gemeinsamen Vertreter zu bestellen. Bis zur Bestellung des gemeinsamen Vertreters ruhen die Stimmrechte aus dem Geschäftsanteil. Gemeinsamer Vertreter

## § 10
## Abfindung

(1) Im Falle der Einziehung gemäß § 6, der Kündigung nach § 7 und in allen anderen Fällen des Ausscheidens hat die Gesellschaft eine Abfindung zu zahlen. Die Abfindung beträgt in den Fällen des § 6 Abs. 2 a) bis c) 75 % und in allen übrigen Fällen 100 % des nach Maßgabe der folgenden Bestimmungen zu berechnenden anteiligen Unternehmenswertes.

(2) Der Unternehmenswert wird wie folgt ermittelt: Ermittlung der Abfindung

a) Zunächst ist der gewichtete Durchschnitt der Ergebnisse der Handelsbilanz der letzten drei, beim Ausscheiden abgeschlossenen Geschäftsjahre vor Körperschaftsteuer auf ausschüttungsfähige Erträge zu berechnen. Außerordentliche oder periodenfremde Aufwendungen und Erträge werden eliminiert. Zur Ermittlung des gewichteten Durchschnitts wird das Ergebnis des letzten abgeschlossenen Geschäftsjahres mit dem Faktor 3, das des davorliegenden Ge-

schäftsjahres mit dem Faktor 2 und das Ergebnis des vor dem letzteren liegenden Geschäftsjahres mit dem Faktor 1 multipliziert. Die Summe dieser drei gewichteten Ergebnisse wird durch 6 dividiert, wodurch man das gewichtete Durchschnittsergebnis erhält.
b) Das gemäß a) berechnete gewichtete Durchschnittsergebnis ist zur Ermittlung des Ertragswerts des Unternehmens mit 5 zu multiplizieren.
Bestand die Gesellschaft zum Zeitpunkt des Ausscheidens weniger als drei volle Kalenderjahre, werden lediglich die vorliegenden Ergebnisse, wie unter a) ausgeführt, gewichtet. Bestand die Gesellschaft zum Zeitpunkt des Ausscheidens noch keine vollen zehn Kalenderjahre, so beträgt der unter b) genannte Faktor, mit dem das Durchschnittsergebnis multipliziert wird, 0,5 pro abgelaufenes volles Kalenderjahr.

(3) Der anteilige Unternehmenswert ergibt sich aus dem Verhältnis des Nennbetrags der Geschäftsanteile des ausgeschiedenen Gesellschafters zum Stammkapital.

Zahlungsweise

(4) Die Abfindung ist in drei gleichen Jahresraten zu entrichten. Die erste Rate wird sechs Monate nach dem Ausscheiden fällig. Steht bis zu diesem Zeitpunkt die Höhe der Abfindung noch nicht fest, so ist als Vorschusszahlung ein Betrag in geschätzter Höhe zu leisten.

Überprüfung der Höhe

(5) Sowohl die Gesellschaft – vertreten durch den Geschäftsführer aufgrund eines ermächtigenden Mehrheitsbeschlusses – als auch der ausscheidende Gesellschafter haben das Recht, die Höhe der Abfindung unter Beachtung der in diesem Vertrag vereinbarten Berechnungsmethode durch einen Wirtschaftsprüfer oder Steuerberater, der von dem für den Sitz der Gesellschaft zuständigen Steuerberaterverband benannt wird, gutachterlich ermitteln zu lassen. Das Gutachten ist für alle Beteiligten bindend, sofern es nicht evident fehlerhaft ist. Die Kosten für das Gutachten tragen die Gesellschaft und der ausscheidende Gesellschafter jeweils zur Hälfte.

### § 11 Geschäftsjahr/Ergebnisverwendung – bei Bedarf –

(1) Geschäftsjahr ist das Kalenderjahr.

(2) Das Jahresergebnis ist grundsätzlich an die Gesellschafter auszuschütten, falls nicht die Gesellschafterversammlung mit einer Mehrheit von mindestens 75 % der abgegebenen Stimmen etwas anderes beschließt. Für betriebsnotwendige Investitionen binnen der nächsten 36 Monate, gerechnet ab dem

Datum des Ergebnisverwendungsbeschlusses, können gezielt Rücklagen gebildet werden, wenn die Gesellschafterversammlung dies mit einfacher Mehrheit der abgegebenen Stimmen unter Beschreibung der Investition mit Angabe einer Frist, bis zu der die Investition vorgenommen werden muss, beschließt. Verstreicht die Frist, ohne dass die Investition getätigt wurde, ist die Rücklage durch Ausschüttung aufzulösen, falls nicht die Gesellschafterversammlung mit einer Mehrheit von mindestens 75 % der abgegebenen Stimmen etwas anderes – gegebenenfalls auch eine andere Investition, die unverzüglich zu tätigen ist – beschließt.

## § 12 Sonderpflichten/Sonderrechte – bei Bedarf –

Pflicht zur Mitarbeit

(1) Die Gesellschafter Monica Musterfrau und Mario Mustermann schulden grundsätzlich ihre volle Arbeitskraft der Gesellschaft. Sie sind verpflichtet im Rahmen eines Anstellungsverhältnisses gegen Vergütung für die Gesellschaft tätig zu werden. Die Einzelheiten des Anstellungsverhältnisses vereinbart der Gesellschafter mit der Gesellschaft, diese vertreten durch die Gesellschafterversammlung, wobei der Gleichheitsgrundsatz zwischen den Gesellschaftern gewahrt werden muss. Kommt ein Gesellschafter schuldhaft seiner Verpflichtung zur Erbringung der Arbeitsleistung im Dienste der Gesellschaft nicht nach, so ist diese berechtigt, auf Kosten dieses Gesellschafters eine Ersatzkraft zu beschäftigen. Die schuldhafte Nichterfüllung dieser Sonderpflicht über einen Zeitraum von mehr als 6 Wochen bzw. mehr als 20 Arbeitstage pro Kalenderjahr berechtigt die Gesellschafterversammlung zum Ausschluss des Gesellschafters oder zur Einziehung seines Geschäftsanteils.

Bestellung zum Geschäftsführer

(2) Die Gesellschafter Monica Musterfrau und Mario Mustermann haben jeweils das Sonderrecht, sich selbst zum alleinvertretungsberechtigten Geschäftsführer zu bestellen oder einen Geschäftsführer ihrer Wahl zu bestellen sowie mit dem betreffenden Geschäftsführer den Abschluss eines angemessenen Anstellungsvertrags zu vereinbaren. Abberufungen, Kündigungen und Änderungen sind vom Sonderrecht ebenfalls umfasst. Gesellschaftergeschäftsführer können nur aus wichtigem Grund abberufen werden.

## § 13
## Wettbewerbsverbot des Gesellschafters
**- bei Bedarf -**

Konkurrenzgeschäfte und Geschäftschancen

(1) Jedem Gesellschafter ist es untersagt, mit der Gesellschaft unmittelbar oder mittelbar auf einem ihrer Tätigkeitsgebiete in Wettbewerb zu treten sowie die Geschäftschancen der Gesellschaft zu nutzen. Im Zweifel wird vermutet, dass es sich um eine Geschäftschance der GmbH handelt. Der betreffende Gesellschafter hat gegebenenfalls den Geschäftsführer aufzufordern, die Mitgesellschafter per Einschreiben über die Nutzung der Geschäftschance zu informieren. Die Mitgesellschafter sind berechtigt, zwei Wochen ab Einlieferungsdatum des Einschreibebriefs Widerspruch gegen eine Verwertung durch den anfragenden Gesellschafter einzulegen. Der Widerspruch ist gegenüber dem Geschäftsführer zu erheben, der daraufhin eine Gesellschafterversammlung einzuberufen hat, die über die Verwertung der Geschäftschance durch Beschluss, bei dem der betroffene Gesellschafter kein Stimmrecht hat, verbindlich entscheidet.

Vertragsstrafe

(2) Für jeden Fall einer Zuwiderhandlung gegen ein Verbot gemäß Absatz 1 hat der Zuwiderhandelnde eine Vertragsstrafe in Höhe von 10.000 € an die Gesellschaft zu zahlen. Jeder angefangene Kalendermonat einer fortgesetzten Zuwiderhandlung gilt als eine unabhängige und selbstständige Zuwiderhandlung. Die sonstigen Rechte, die sich im Zweifel nach §§ 112, 113 HGB bestimmen, bleiben unberührt. Die Vertragsstrafe wird auf den Schadensersatz angerechnet.

Befreiung

(3) Die Gesellschafterversammlung ist berechtigt, von dem in Absatz 1 enthaltenen Verbot mit satzungsändernder Mehrheit eine Befreiung gegen Zahlung einer angemessenen Vergütung zu erteilen.

## § 14
## Beirat
**- nur bei Bedarf -**

Aufgaben

(1) Die Gesellschaft hat einen Beirat. Der Beirat berät und überwacht die Geschäftsführung. Er kommt in regelmäßigen Abständen mit der Geschäftsführung zur Wahrnehmung seiner Beratungs- und Überwachungsaufgabe zusammen.

(2) Die Geschäftsführung ist dem Beirat, in entsprechender Anwendung der für den Aufsichtsrat geltenden Bestimmungen, berichtspflichtig (siehe § 90 AktG). Die Geschäftsführung hat den Beirat vorab über jedes Rechtsgeschäft, das sie im Rahmen ihrer Geschäftsführung vornehmen will und das den Betrag von [bitte Betrag einsetzen] Euro übersteigt, zu informieren. Hierbei hat die Geschäftsführung dem Beirat Gelegenheit zur Stellungnahme zu geben. Dies gilt auch für Maßnahmen, die sich auf folgende Gegenstände beziehen: [nach Bedarf, gegebenenfalls auf den Zustimmungskatalog in § 4 verweisen].

Pflichten der Geschäftsführung

(3) Der Beirat besteht aus drei Mitgliedern. Mitglied können Gesellschafter oder Dritte sein. Ein Mitglied wird von Gesellschafter Mustermann bzw. dessen (Sonder-) Rechtsnachfolger entsandt, die beiden weiteren Mitglieder werden von der Gesellschafterversammlung mit einfacher Mehrheit der abgegebenen Stimmen gewählt. Die Abberufung ist jederzeit durch den Entsendenden bzw. das Wahlorgan durch Beschluss statthaft.

Besetzung

(4) Mitglied des Beirats kann nur eine natürliche, unbeschränkt geschäftsfähige Person sein. Ein Betreuter, der bei Besorgung seiner Vermögensangelegenheiten ganz oder teilweise einem Einwilligungsvorbehalt unterliegt, kann nicht Mitglied des Beirats sein. Mitglied des Beirats können ferner nicht sein: Geschäftsführer und Arbeitnehmer der GmbH, Personen, die bereits mehr als drei anderen Beiräten angehören oder die in mindestens drei Handelsgesellschaften, die gesetzlich einen Aufsichtsrat zu bilden haben, Aufsichtsratsmitglied sind. Dem Beirat dürfen auch nicht gesetzliche Vertreter von Unternehmen angehören, die von der Gesellschaft abhängig sind. Ferner darf Mitglied des Beirats nicht sein, wer gesetzlicher Vertreter einer anderen Handelsgesellschaft ist, wenn deren Aufsichtsrat ein Geschäftsführungsmitglied der Gesellschaft angehört.

Persönliche Voraussetzungen

(5) Die Gesellschafterversammlung entlastet alljährlich die Mitglieder des Beirats entsprechend den Vorschriften, die für den Aufsichtsrat gelten (siehe §§ 119 I Nr. 3, 120 AktG).

Entlastung

(6) Der Beirat wählt aus seiner Mitte einen Vorsitzenden. Erklärungen des Beirats, die auf Beschlüssen des Plenums beruhen, werden vom Vorsitzenden abgegeben.

Vorsitzender

(7) Die Sitzungen des Beirats werden vom Vorsitzenden unter Einhaltung einer Frist von 14 Tagen schriftlich einberufen. Die Einladung enthält die Angabe der einzelnen Gegenstände der Tagesordnung. In dringenden Fällen oder bei Zustimmung aller Beiratsmitglieder kann die Frist verkürzt werden und auf

Sitzungen

das Schriftformerfordernis verzichtet werden. Der Beirat regelt sein Verfahren im Übrigen durch eine Geschäftsordnung.

Pflichten der Beiratsmitglieder

(8) Die Beiratsmitglieder sind zur pflichtgemäßen Überwachung, Beratung und zur Verschwiegenheit verpflichtet. Die Einzelheiten des Pflichtenmaßstabs und die Rechtsfolgen bei Verletzung ihrer Pflichten richten sich in entsprechender Anwendung nach den Bestimmungen, die für die Aufsichtsratsmitglieder gelten.

Dienst- und Beratungsverträge

(9) Dienstverträge mit Beiratsmitgliedern, durch die ein Arbeitsverhältnis nicht begründet wird, sind nur in entsprechender Anwendung der Voraussetzungen zulässig, die für Aufsichtsratsmitglieder gelten.

Auslagenersatz und Vergütung

(10) Der Auslagenersatz und die Vergütung für die Beiratsmitglieder werden vom Beirat nach billigem Ermessen bestimmt, wobei die Gesellschafterversammlung verbindliche Vorgaben erlassen kann.

**§ 15**

**Bekanntmachungen**

Gesellschaftsblatt

Die Bekanntmachungen, die von der Gesellschaft selbst vorgenommen werden müssen, erfolgen nur im Bundesanzeiger.

**§ 16**

**Schiedsvereinbarung**

**– nur bei Bedarf –**

Rechtsweg

(1) Über alle Streitigkeiten zwischen der Gesellschaft und den Gesellschaftern oder zwischen den Gesellschaftern aus dem Gesellschaftsverhältnis entscheidet unter Ausschluss des ordentlichen Rechtswegs ein Schiedsgericht, soweit eine Schiedsgerichtsvereinbarung zulässig ist.

Besetzung

(2) Das Schiedsgericht besteht aus zwei Schiedsrichtern und einem Vorsitzenden, sofern die Parteien nicht einstimmig beschließen, den Streit lediglich von einem von der IHK am Sitz der Gesellschaft zu benennenden Schiedsrichter entscheiden zu lassen, der zum Richteramt befähigt sein muss. Ansonsten benennt jede Partei einen Schiedsrichter, diese bestimmen sodann einstimmig den Vorsitzenden, der die Befähigung zum Richteramt haben muss. Erfolgt durch die Parteien die Benennung ihres Schiedsrichters jeweils nicht innerhalb von zwei Wochen seit Aufforderung durch die Gegenseite, so erfolgt die Bestellung auf Antrag einer Partei durch die IHK am Sitz der Gesellschaft. Die IHK bestimmt auch auf Antrag einer Partei den Vorsitzenden des Schiedsgerichts, falls die beiden Schiedsrichter sich nicht auf einen Vorsitzenden eini-

gen können. Das Verfahren bestimmt sich nach den Vorschriften der ZPO, im Übrigen bestimmt das Schiedsgericht sein Verfahren selbst. Die Vergütung wird durch die Gesellschafterversammlung auf der Grundlage eines angemessenen Stundensatzes oder in Anlehnung an die Bundesrechtsanwaltsgebührenordnung festgesetzt.

**§ 17**

**Gründungsaufwand**

Die Gesellschaft trägt die mit der Gründung verbundenen Kosten der Eintragung und Bekanntmachung (Gründungsaufwand) bis zu einem Betrag von insgesamt 1.500 Euro. Zum Gründungsaufwand gehören die Registerkosten, die Notar- und Rechtsanwaltskosten sowie die Kosten der markenrechtlichen Prüfung.

Übernahme der Gründungskosten

**§ 18**

**Salvatorische Klausel**

Sollten Bestimmungen dieses Vertrages oder eine künftige Bestimmung ganz oder teilweise nicht rechtswirksam oder nicht durchführbar sein oder ihre Rechtswirksamkeit oder Durchführbarkeit später verlieren, so soll hierdurch die Gültigkeit der übrigen Bestimmungen des Vertrages nicht berührt werden. Das gleiche gilt, soweit sich herausstellen sollte, dass der Vertrag eine Regelungslücke enthält. Anstelle der unwirksamen oder undurchführbaren Bestimmungen oder zur Ausfüllung der Lücke soll eine angemessene Regelung gelten, die, soweit rechtlich möglich, dem am nächsten kommt, was die Gesellschafter gewollt haben oder nach dem Sinn und Zweck des Vertrages gewollt hätten, sofern sie bei Abschluss dieses Vertrages oder bei der späteren Aufnahme einer Bestimmung den Punkt bedacht hätten. Dies gilt auch, wenn die Unwirksamkeit einer Bestimmung etwa auf einem in dem Vertrag vorgeschriebenen Maß der Leistung oder Zeit beruht; es soll dann ein dem Gewollten möglichst nahekommendes, rechtlich zulässiges Maß der Leistung oder Zeit als vereinbart gelten.

## Wie gestalte ich den Gesellschaftsvertrag?

Interessenlage entscheidend

Der hier vorgeschlagene Gesellschaftsvertrag (= Satzung) enthält die typischen Klauseln, die im Rahmen einer Gründung vereinbart werden. Die Bestimmungen sind je nach den Bedürfnissen des Einzelfalles anzupassen, zu streichen oder zu ergänzen. Die hiesige Satzung betrifft eine personalistisch strukturierte GmbH, bei der mehrere Gesellschafter gleichberechtigt beteiligt sind. Sie ist aber auch für Fälle geeignet, in denen ein Gesellschafter aufgrund seines Kapitalanteils die Stimmenmehrheit und damit die Herrschaft hat und dies auch so von den Gründern beabsichtigt ist. Soll ein Minderheitsgesellschafter vor einer Beherrschung durch den Mehrheitsgesellschafter geschützt bzw. soll dessen Herrschaft zumindest begrenzt werden, so müssen Veränderungen an der Satzung vorgenommen werden, für die in den §§ 11 bis 14 Vorschläge unterbreitet bzw. Anregungen gegeben werden. Vorstellbar sind Sonderrechte auf die Geschäftsführung, Mitwirkungsrechte bei der Ergebnisverwendung, eine Sperrminorität hinsichtlich des Stimmrechts bestimmter oder aller Beschlüsse oder ein Zustimmungskatalog von Geschäften, bei denen dem Minderheitsgesellschafter ein Vetorecht zukommt. Weiterhin ist die Installierung eines Beirats bzw. Aufsichtsrats denkbar, in dem auch der Minderheitsgesellschafter repräsentiert ist und dem bestimmte Aufgaben wie die Überwachung, Bestellung und Abberufung von Geschäftsführern übertragen werden (siehe § 14).

Sonderrechte und Sonderpflichten

Ein besonderes Augenmerk bei der Satzungsgestaltung ist daher auf die Sonderrechte und Sonderpflichten zu richten, da durch Vereinbarung derselben die Ziele der Gesellschafter erreicht und gesichert werden können.

Mindestinhalt der Satzung

Der Mindestinhalt der Satzung ergibt sich aus § 3 GmbHG Danach muss der Gesellschaftsvertrag die Firma und den Sitz der Gesellschaft enthalten. In die Satzung sind ferner der Unternehmensgegenstand sowie der Betrag des Stammkapitals aufzunehmen. Schließlich sind die von jedem Gesellschafter übernommenen und zu leistenden Einlagen anzugeben.

Die Praxis begnügt sich indessen nicht mit diesem Mindestinhalt, sondern nimmt typische weitere Klauseln in den Vertrag auf. Grundsätzlich sollten jedoch keinesfalls Bestimmungen in die Satzung integriert werden, die lediglich das Gesetz wiederholen, da hier immer wieder Unsicherheiten und Auslegungsprobleme auftreten, wenn das Gesetz nicht wörtlich wiedergegeben wird. Im Übrigen wird die Satzung durch solche überflüssigen Bestimmungen unnötig aufgebläht.

Zukünftige Entwicklung

Bei der Satzungsgestaltung ist darauf zu achten, wie sich die Gesellschaft zukünftig entwickeln wird bzw. soll. Ist bereits eine Erweiterung der unternehmerischen Tätigkeit geplant, kann dies sogleich bei der Wahl des Unternehmensgegenstandes berücksichtigt werden. Sollen später weitere Gesellschafter hinzukommen, so könnte die Satzung schon jetzt so konzipiert werden, dass möglichst wenig Änderungen erforderlich werden. Wollen sich die Gründungsgesellschafter gewisse Vorrechte und Sonderrechte erhalten, so sollten diese sogleich in der Satzung verankert werden, da zusätzliche Änderungen zum Vorteil der bisherigen Gesellschafter anlässlich der Aufnahme neuer Gesellschafter schwieriger durchsetzbar sein dürften.

Formvorschriften

Der Gesellschaftsvertrag einer GmbH muss notariell beurkundet werden; ein Gesellschaftsvertrag, der dieses Formerfordernis nicht wahrt, wäre nichtig. Lassen sich Gründer vertreten, so bedarf es hierfür notariell beglaubigter Vollmachten.

## Was habe ich bei der Wahl der Firma und des Sitzes der Gesellschaft zu beachten?

Die Firma ist der Name, unter dem die GmbH im Rechtsverkehr auftritt. Das GmbH–Gesetz ordnet in § 4 an, dass der Hinweis auf den Namen in die Rechtsform der GmbH aufzunehmen ist. Hierbei genügt die Verwendung der Abkürzung „GmbH“ wobei die Schreibweise mit oder ohne Punkte (G.m.b.H.) gewählt werden kann. Möglich ist aber auch, dass der Rechtsformzusatz ausgeschrieben und gegebenenfalls das Wort „Gesellschaft“ angehängt wird, wie z. B. durch folgende Firmierung: Dr. Jula Rechtsanwaltsgesellschaft mit beschränkter Haftung.

Bei der Auswahl des Namensist besondere Sorgfalt zu verwenden, die firmenrechtlichen Regelungen im Handelsgesetzbuch sind zu beachten. Das Handelsgesetzbuch lässt seit der Handelsrechtsreform, die am 1. Juli 1998 in Kraft trat, sowohl Sach- als auch Personen- und Fantasiefirmen zu. Bei der Sachfirma leitet sich der Name der Gesellschaft vom Unternehmensgegenstand ab, wie z. B. „Autohaus am Hermannplatz GmbH“, wobei hier zur Unterscheidbarkeit ein geographischer Zusatz dient. Bei der Personenfirma geben der oder die Gesellschafter der Gesellschaft ihren Namen, wobei in der Regel ein Zusatz gewählt wird, der auf den Unternehmensgegenstand hinweist, wie z. B. „Max Müller Bau GmbH“. Bei der Fantasiefirma wird der Name frei gewählt, ohne dass ein Rückschluss auf die beteiligten Personen oder den Unternehmensgegenstand möglich ist, wobei auch hier häufig

Zusätze bezüglich des Unternehmensgegenstandes oder des Standorts gewählt werden. Eine Fantasiefirma wäre z. B. „Apollo Fitness GmbH“.

Kennzeichnungs- und Unterscheidungskraft

Die Firma muss *Kennzeichnungs- und Unterscheidungskraft* haben, was unter anderem bedeutet, dass sie wie ein Name wirken muss und von anderen Namen unterscheidbar sein muss. An der nötigen Kennzeichnungskraft fehlt es einer Firma dann, wenn aus ihr nicht auf einen Namen geschlossen werden kann, wie z. B. bei einer Firma die ausschließlich aus Zeichen besteht, die nicht wie Namen wirken, z. B. „!!!-GmbH“. Eine solche Firmierung wäre nicht zulässig.

Experten-Tipp

**Vor dem Notarbesuch rechtliche Zulässigkeit prüfen**

Bevor Sie eine GmbH notariell errichten, vergewissern Sie sich unbedingt, ob die Firma rechtlich zulässig ist. Hier empfiehlt sich unbedingt eine Nachfrage bei der zuständigen Industrie- und Handelskammer, die ohnehin vom Handelsregister die GmbH-Unterlagen erhält und die Zulässigkeit der Firma prüft. Die Industrie- und Handelskammer kann Ihnen zwar sagen, ob die Firma firmenrechtlich zulässig ist, also ob sie etwa gegen den Grundsatz der Firmenwahrheit verstößt oder ob es bereits identische oder zum Verwechseln ähnliche Firmen gibt, die IHK kann Ihnen jedoch nicht mitteilen, ob Ihre Firmierung ggf. in Marken- oder Namensrechte Dritter eingreift. Hier sollte eine Markenrechtsrecherche veranlasst werden. Es gibt Dienstleitungsunternehmen, die gegen Gebühr derartige Markenrechtsrecherchen durchführen (siehe z. B. WiLa Verlag Wilhelm Lampl GmbH, Landsberger Str. 191 a, 80687 München, Tel.-Nr. 089/ 547 56-360). Ergibt eine Markenrechtsrecherche, dass identische oder ähnliche Marken vorhanden sind, ist es meistens ratsam, den eigenen Namen zu ändern, um kostenintensive Prozesse zu vermeiden. Ansonsten kann es passieren, dass ggf. nach Jahren Markenrechtsinhaber per einstweiliger Verfügung den Gebrauch des Namens unterbinden. Eine spätere Änderung des Namens verursacht erhebliche Kosten, gerade dann, wenn bereits ein Kundenstamm aufgebaut worden ist, bei dem der Name der GmbH eingeführt ist. Siehe auch unten beim Teil II die Frage: „Unter welchem Namen kann ich meine GmbH gründen?“ ◂

Grundsatz der Firmenwahrheit

Bei dem zu wählenden Namen der Gesellschaft ist insbesondere der Grundsatz der *Firmenwahrheit* zu respektieren, der anordnet, dass die Firma keine Angaben enthalten darf, die geeignet sind, über geschäftliche Verhältnisse, die für die angesprochenen Verkehrskreise wesentlich sind, irre zu führen (§ 18 II HGB). Nennt sich beispielsweise eine GmbH „Stuttgarter Liegenschaftsgesellschaft mit beschränkter Haftung", hat jedoch diese Gesellschaft tatsächlich nichts mit Grundstücken zu tun, so wäre die Firmierung wegen Verstoßes gegen den Grundsatz der Firmenwahrheit unzulässig.

Sitz der Gesellschaft

Der Sitz der Gesellschaft ist ebenfalls in dem Gesellschaftsvertrag zu verankern, wobei die Angabe der Gemeinde genügt. § 4 a GmbH-Gesetz ordnet an, dass in der Regel der Sitz dort zu nehmen ist, wo die Gesellschaft einen Betrieb unterhält oder wo die Geschäftsleitung oder die Verwaltung ansässig ist. Damit möchte der Gesetzgeber verhindern, dass der Sitz an einen Ort genommen wird, an dem die Gesellschaft keine effektive Tätigkeit ausübt, sondern allenfalls einen Briefkasten unterhält.

## Was habe ich bei der Wahl des Unternehmensgegenstands zu beachten?

Art der beabsichtigten Tätigkeit

Die Art der beabsichtigten Tätigkeit wird durch den Unternehmensgegenstand festgelegt. Hierbei ist es nicht erforderlich, dass alle geplanten Tätigkeiten im Detail aufgenommen werden, vielmehr ist ausreichend, wenn der Schwerpunkt der angestrebten Tätigkeit erkennbar ist. Bei der Wahl des Unternehmensgegenstandes ist zu prüfen, ob möglicherweise Erlaubnispflichten bestehen. (Das Deutsche Notarinstitut führt eine Liste der Genehmigungserfordernisse, siehe www.dnoti.de). Sollen beispielsweise Brillen hergestellt werden, so könnte dies ein Optiker-Handwerk beinhalten, es sei denn, die Produktion erfolgt industriell. Erfolgt sie jedoch handwerksmäßig, so müssen die handwerksrechtlichen Voraussetzungen für diese Tätigkeit vorliegen, erst dann trägt das Registergericht (= gehört zum Amtsgericht, wobei jenes am Sitz der Gesellschaft zuständig ist) die Gesellschaft ins Handelsregister ein. Neben den handwerksrechtlichen Voraussetzungen bestehen noch zahlreiche andere Erlaubnispflichten, etwa für Gesellschaften, die freiberufliche Tätigkeiten entfalten, wie z. B. für eine Architekten-GmbH, eine Rechtsanwalts-GmbH oder eine Steuerberatungs-GmbH. Auch die Gewerbeordnung enthält mehrere erlaubnispflichtige Tätigkeiten, wie etwa das Betreiben eines Krankenhauses, Bewachungsunternehmens oder die Ausübung von Makler- und Bauträgergeschäften. Bevor die GmbH ins Leben gerufen wird, muss geklärt werden, ob die Gründer die Voraussetzungen erfüllen bzw. herbeiführen können, damit eine Erlaubnis der zuständigen Behörde erteilt wird.

Experten-Tipp

### Unternehmensgegenstand nicht zu weit fassen

Der Unternehmensgegenstand sollte nicht zu weit gefasst werden, sondern auf das tatsächlich beabsichtigte Geschäft beschränkt bleiben, da ansonsten die Gefahr besteht, dass erlaubnispflichtige Gegenstände berührt werden und eine Eintragung versagt wird, was misslich ist, wenn die Gesellschaft tatsächlich gar keine erlaubnispflichtigen Geschäfte betreiben möchte. Soll die Gesellschaft beispielsweise lediglich Versicherungen vermitteln, wird jedoch in die Satzung zusätzlich auch der Vertrieb von Investmentzertifikaten aufgenommen, was gemäß § 33c der Gewerbeordnung erlaubnispflichtig wäre, muss das Registergericht die Eintragung verweigern, wenn die erforderliche Erlaubnis nicht vorgelegt wird.

Ferner sind für die Reichweite des Wettbewerbsverbots, das die Geschäftsführer und Gesellschafter treffen kann, sowohl der tatsächlich ausgeübte Unternehmensgegenstand, aber auch der satzungsmäßig verankerte Unternehmensgegenstand von Bedeutung. Ist der Unternehmensgegenstand weiter gefasst, als es dem tatsächlichen Geschäftsbetrieb entspricht, könnte dies dazu führen, dass Gesellschafter bzw. Geschäftsführer, die Geschäfte im Rahmen des satzungsmäßigen, nicht jedoch im Bereich des tatsächlich ausgeübten Unternehmensgegenstandes betreiben, mit dem Wettbewerbsverbot konfrontiert werden könnten, was möglicherweise bei Gründung nicht gewünscht war. Auch das Finanzamt orientiert sich bei der Prüfung, ob ein Verstoß gegen ein Wettbewerbsverbot vorliegt, an dem, was in der Satzung vereinbart worden ist. Eine Befreiung von einem Wettbewerbsverbot darf aus Sicht des Finanzamtes nur gegen angemessene Vergütung erfolgen, da sonst eine verdeckte Gewinnausschüttung vorliegt. Etwas anderes gilt allerdings dann, wenn die Befreiung vom Wettbewerbsverbot bereits bei der Gründung in die Satzung aufgenommen wird, da die Gesellschaft hier insofern auf keinerlei Rechtsposition verzichtet, sondern von vornherein Klarheit darüber besteht, dass der betreffende Gesellschafter Konkurrenzgeschäfte tätigt bzw. tätigen darf (BMF, Schreiben vom 4.2.1992, IV B7- S 2742-6/92, BStBl. I 1992, 137; siehe auch unten die Frage „Unterliege ich einem Wettbewerbsverbot?“). ◂

## Welches Stammkapital muss die Gesellschaft aufweisen?

Mindeststammkapital

Die GmbH ist eine Kapitalgesellschaft, was bedeutet, dass sie ein festgefügtes Kapital aufweisen muss und sich die Machtverhältnisse nach der Kapitalmehrheit bestimmen. Das Mindeststammkapital der GmbH beträgt 25.000 Euro. Darüber hinaus gibt es keinerlei Vorschriften über eine Mindestkapitalausstattung etwa in Abhängigkeit zu dem beabsichtigten Unternehmensgegenstand. Selbst ein Industrieunternehmen oder eine Fluggesellschaft können sich mit dem Mindeststammkapital von 25.000 Euro begnügen.

Stammeinlagen

Das Stammkapital teilt sich in Stammeinlagen auf, wobei es bei der Einpersonen-Gründung lediglich *eine* Stammeinlage gibt. Das Gesetz geht davon aus, dass jeder Gesellschafter bei der Gründung lediglich eine Stammeinlage übernehmen kann. Diese Stammeinlage muss durch 50 Euro teilbar sein und mindestens 100 Euro betragen. In die Satzung aufzunehmen ist auch, in welcher Höhe die übernommenen Stammeinlagen eingezahlt werden. Mindestens muss ein Stammkapital von 12.500 Euro bei der Anmeldung der Gesellschaft zum Handelsregister zur freien Verfügung des Geschäftsführers in das Gesellschaftsvermögen geleistet worden sein, wobei auf jede übernommene Stammeinlage mindestens ein Viertel des zugesagten Betrages einzuzahlen ist. Sacheinlagen sind stets vollständig zu leisten. Bei der Errichtung einer Einpersonen-GmbH hat der Gründer ferner auch Bareinlagen vollständig bei Anmeldung in das Gesellschaftsvermögen einzuzahlen oder zumindest für den nicht eingezahlten Betrag Sicherheit, z. B. durch Stellung einer Bankbürgschaft, zu erbringen.

## Wie regele ich die Vertretung und Geschäftsführung der Gesellschaft?

Leitung der Gesellschaft

Die Leitung der Gesellschaft obliegt dem bzw. den Geschäftsführer(n). Der Geschäftsführer ist das geschäftsführungs- und vertretungsberechtigte Organ der Gesellschaft. Die Geschäftsführung und die Vertretung werden unter dem Begriff der „Leitung der Gesellschaft" zusammengefasst. Die *Geschäftsführung* meint im gesellschaftsrechtlichen Sinn die Kompetenzen des Geschäftsführers im Verhältnis zur Gesellschaft, das heißt das „Dürfen" im

Innenverhältnis, während die *Vertretungsberechtigung* das „Können" im Außenverhältnis betrifft.

Verhältnis zur Gesellschafterversammlung

Der Geschäftsführer kann im Außenverhältnis die Gesellschaft umfassend vertreten, er darf hiervon im Innenverhältnis jedoch möglicherweise nur im eingeschränkten Rahmen Gebrauch machen. Die Gesellschafterversammlung hat es in der Hand, durch einen Zustimmungskatalog im Anstellungsvertrag (GmbH-Geschäftsführervertrag), in der Satzung oder durch einzelne Beschlüsse zu bestimmen, welche Geschäfte nur mit ihrer Zustimmung getätigt werden sollen. Dennoch kann sich der Geschäftsführer im Außenverhältnis hierüber pflichtwidrig hinwegsetzen, er macht sich jedoch dann gegenüber der GmbH ggf. schadensersatzpflichtig.

Verkauft beispielsweise der Geschäftsführer ein Grundstück der Gesellschaft an einen Dritten, so ist dieses Grundstücksgeschäft auch dann rechtlich wirksam, wenn der Geschäftsführer es im Innenverhältnis nur mit Zustimmung der Gesellschafterversammlung hätte vornehmen dürfen. Die Gesellschafterversammlung kann allerdings wegen eines etwaigen Schadens am Gesellschaftsvermögen beschließen, den Geschäftsführer in Haftung zu nehmen.

Geschäftsführung

Das Gesetz geht von einer Gesamtgeschäftsführung aller Geschäftsführer aus, wobei jedoch in der Praxis Ressorts (Geschäftsbereiche), z. B. durch eine Geschäftsordnung gebildet werden, die den Geschäftsführen zur eigenverantwortlichen Wahrnehmung übertragen werden (Einzelgeschäftsführungsbefugnis).

Vertretung

Bei der Stellvertretung, das heißt für die Kompetenz, nach außen rechtsgeschäftlich für die GmbH aufzutreten, ist ebenfalls im Gesetz Gesamtvertretung vorgesehen, wobei jedoch Abweichendes in die Satzung aufgenommen werden kann und auch muss. Nicht erforderlich ist allerdings, dass in der Satzung generell die Alleinvertretungsberechtigung aller bzw. bestimmter Geschäftsführer geregelt sein muss; vielmehr genügt es, wenn eine so genannte Öffnungsklausel aufgenommen wird, das heißt die Berechtigung der Gesellschafterversammlung angeordnet wird, einzelnen Geschäftsführern Alleinvertretungsbefugnis zu erteilen (siehe Formulierungsvorschlag). Schließlich kann auch eine so genannte unechte Gesamtvertretung geregelt werden, wonach z. B. eine Vertretung der Gesellschaft auch durch einen Prokuristen in Gemeinschaft mit einem Geschäftsführer möglich ist. Die Gesellschaft muss aber stets auch nur durch die Geschäftsführer vertreten werden können. Es ist nicht zulässig, zwingend die Beteiligung eines Prokuristen bzw. anderer rechtsgeschäftlicher Vertreter vorzusehen.

Schließlich ist zu regeln, ob der Geschäftsführer von den Beschränkungen des § 181 BGB befreit werden soll. In § 181 BGB ist geregelt, dass es einem Vertreter untersagt ist, mit sich selbst oder gleichzeitig als Vertreter von Dritten Geschäfte zu tätigen. Verkauft z. B. der Geschäftsführer das Dienstfahrzeug der GmbH, das ihm zur Verfügung gestellt wurde, an sich selbst, indem er sich im Schreibwarengeschäft einen Kaufvertrag über ein Gebrauchtfahrzeug besorgt und die GmbH als Verkäuferin und sich selbst als Käufer einsetzt, um sodann für beide Parteien zu unterschreiben, so liegt ein klarer Verstoß gegen § 181 BGB vor. Gleiches würde gelten, wenn der Geschäftsführer das Fahrzeug nicht für sich, sondern für seinen Sohn erwirbt und für diesen den Kaufvertrag unterzeichnet.

Verbot des § 181 BGB

Es liegt auf der Hand, dass bei Geschäften mit sich selbst oder gleichzeitig als Vertreter eines Dritten Interessenkollisionen auftreten können. Deshalb sind solche Geschäfte dem Geschäftsführer grundsätzlich untersagt. Werden sie dennoch vorgenommen, so sind die Geschäfte schwebend unwirksam. Sie werden unter anderem wirksam, wenn die Gesellschafterversammlung sie genehmigt (*Lutter/Hommelhoff*, GmbHG, § 35 Rdnr. 18, diese halten sogar eine Genehmigung durch einen vertretungsberechtigten Mitgeschäftsführer für ausreichend).

Geschäfte, die gegen das Verbot des § 181 BGB verstoßen, sind jedoch dann von Beginn an wirksam, wenn eine Befreiung des Geschäftsführers von diesem Verbot erfolgt ist, was jedoch nur unter bestimmten Voraussetzungen möglich ist. Einigkeit besteht darüber, dass eine solche Befreiung in der Satzung der zuverlässigste Weg ist, um das Verbot des § 181 BGB auszuschließen. Ob auch ein Gesellschafterbeschluss ohne jegliche Satzungsänderung ausreicht, ist nicht abschließend geklärt. Da eine starke Ansicht zumindest eine Ermächtigungsklausel in der Satzung des Inhalts verlangt, dass die Gesellschafterversammlung Befreiung vom Verbot des § 181 BGB erteilen können (OLG Köln, Beschluss v. 02.10.1992, GmbHR 1993, 37; zum Streitstand; *Schneider* in: Scholz, GmbHG, § 35 Rdnr. 99a), sollte dieser sichere Weg gewählt werden (siehe Formulierungsvorschlag in der Mustersatzung § 4).

Befreiung vom Verbot

Für die Einpersonen-GmbH, bei der Alleingesellschafter gleichzeitig Geschäftsführer ist, findet sich im § 35 IV GmbHG eine Sonderbestimmung.

Einpersonen-GmbH

Danach gilt in dieser Konstellation grundsätzlich das Verbot des § 181 BGB. Dem einzigen Geschäftsführer und Gesellschafter einer GmbH können vom Verbot erfasste Rechtsgeschäfte von vornherein in der Satzung oder nachträglich durch Satzungsänderung gestattet werden (BGH, Urt. v. 18.11.1999, NJW 2000, 664, 665; *Jula*, Der Status des GmbH-Geschäftsführers, 1999, S. 66). Auch eine Ermächtigungsklausel in der Satzung, wonach die Befreiung durch Beschluss des Alleingesellschafters erfolgen kann, wird für zulässig erachtet (BayOblG, Beschluss v. 07.05.1984, DB 1984, 1517; OLG Hamm, Beschluss v. 27.04.1998, GmbHR 1998, 682, 683).

## Welche Rechte hat die Gesellschafterversammlung und wie wird diese organisiert?

Ergänzungen in der Satzung

Das Gesetz enthält bereits Bestimmungen für die Fassung von Beschlüssen und die Einberufung von Gesellschafterversammlungen. Diese Regelungen sind allerdings unvollständig. Überhaupt nicht geregelt sind die Formalien der Durchführung der Gesellschafterversammlung selbst. Daher sind Regelungen im Gesellschaftsvertrag empfehlenswert (siehe § 5 der Mustersatzung).

Einberufung

Die Geschäftsführer sind für die Einberufung der Gesellschafterversammlung zuständig, wobei jeder allein die Gesellschafterversammlung einberufen könnte. Die Satzung kann Erschwerungen enthalten, beispielsweise die Regelung, dass die Einberufung nur von Geschäftsführern in vertretungsberechtigter Zahl, etwa von zwei gesamtvertretungsberechtigten Geschäftsführern, möglich ist. Darüber hinaus könnte die Satzung auch bestimmte Gründe festlegen, wann eine Einberufung zu erfolgen hat. Das Gesetz sieht vor, dass die Gesellschafterversammlung in jedem Fall dann einzuberufen ist, wenn das Wohl der Gesellschaft dies erfordert. Die Satzung könnte hier eine Konkretisierung vornehmen oder weitere Anlässe festlegen.

Einberufungsfrist

Die im Gesetz verankerte Einberufungsfrist von einer Woche wird als zu kurz empfunden. Empfehlenswert ist, die Frist auf zwei Wochen festzusetzen, wobei als Fristbeginn der Tag der Versendung der Einschreibebriefe vereinbart werden sollte. Anstelle der Versendung per Einschreiben bietet sich auch eine persönliche Übergabe der Einladung unter Gegenzeichnung des Empfangs an, dies gerade dann, wenn die Gesellschafter im Betrieb gemeinsam zusammenarbeiten. Dies müsste jedoch in die Satzung aufgenommen werden.

Geschäftsführer und Versammlungsleitung

Obwohl der bzw. die Geschäftsführer für die Einberufung zuständig sind, haben sie selbst kein Teilnahmerecht an der Gesellschafterversammlung. In der Praxis nehmen sie aber in der Regel an den Versammlungen teil. Da die Geschäftsführer aufgrund ihrer Geschäftsführungstätigkeit und der Organisationsaufgaben ohnehin den besten Überblick über die entstehenden Fragen haben, werden sie häufig auch einvernehmlich die Versammlungsleitung übernehmen. Ansonsten müssten die Gesellschafter einen Versammlungsleiter wählen, hierbei kann die Satzung eine Bestimmung treffen. Empfehlenswert ist ferner eine Regelung über eine Sitzungsniederschrift sowie die Formalien der Berichtigung derselben.

Förmliche Feststellung

Beschlüsse sollten förmlich festgestellt werden, damit zumindest formal das Ergebnis feststeht und der Gesellschafter, der sich hiergegen wehren müsste, innerhalb der hier vorgeschlagenen Klagefrist Klage zu erheben hat.

Experten-Tipp

**Rechtswidriger Gesellschafterbeschluss**

Sofern Sie der Ansicht sind, dass ein gefasster Gesellschafterbeschluss rechtswidrig ist, müssen Sie sich hiergegen zur Wehr setzen. Der hierfür vorgesehene Rechtsschutz ist im Einzelnen sehr kompliziert geregelt. Unter anderem gibt es die Möglichkeit, Anfechtungs- oder Nichtigkeitsklage zu erheben. Welche Klage in Betracht kommt, hängt von dem Fehler ab, der dem Beschluss anhaftet. Anfechtungsklagen sind fristgebunden, viele Satzungen sehen hier eine Anfechtungsfrist vor, innerhalb derer Klage erhoben werden muss. Auch wenn die Satzung keine Frist vorschreibt, ist zeitnah die Anfechtungsklage zu erheben, mindestens hat der Gesellschafter hierfür eine Frist von einem Monat zur Verfügung. Anfechtungs- und Nichtigkeitsklagen sind gegen die Gesellschaft zu richten. ◂

In die Satzung können Regelungen über eine Beschlussfähigkeit (siehe § 5 des Mustervertrags) sowie das Teilnahmerecht und die Vertretung im Stimmrecht aufgenommen werden.

Vertretung und Stimmenbotschaft

Statt einer Vertretung im Stimmrecht, die nach § 47 III GmbHG durch Vollmacht in Textform vorgesehen ist, kann auch lediglich eine Stimmenbotschaft im Gesellschaftsvertrag verankert werden. Die Vertretung führt dazu, dass der Vertreter anstelle des Gesellschafters teilnimmt und sämtliche Rechte desselben ausübt. Das heißt, der Vertreter gibt die Stimmen ab, ohne dass er erkennen lassen muss, welche Weisungen der Gesellschafter gegeben hat. Textform bedeutet gemäß § 126 b BGB weniger als Schriftform: Es ist keine Unterschrift unter der Vollmacht erforderlich, es genügt vielmehr eine Nachbildung der Unterschrift bzw. es ist ausreichend, dass das Ende des Textes erkennbar ist. Die Textform kann auch durch eine Erklärung per E-Mail erfüllt werden. Da dieses Medium nicht zuverlässig ist, schließt der hiesige Satzungsentwurf die Textform aus (siehe § 5 des Mustervertrags).

Im Falle der Stimmenbotschaft hat der Stimmenbote keinerlei Ermessensspielraum und darf keine eigene Erklärungen abgeben, vielmehr übergibt er lediglich die Stimmen des abwesenden Gesellschafters, dem die Beschlussvorlagen mit der Einladung übersandt wurden. Die Mustersatzung enthält in § 5 alternativ die Regelung einer Vertretung oder einer Stimmenbotschaft. Je nach Bedürfnis des Einzelfalls muss eine entsprechende Klausel gewählt werden.

Es gibt durchaus Fälle, in denen die Gesellschafter keinen Wert darauf legen, dass Vertreter an den Gesellschafterversammlungen teilnehmen, insbesondere wenn es sich um Rechtsvertreter handelt, die das Gefüge durcheinanderbringen könnten.

Beiziehung von Beratern

Gleiches gilt für die Beiziehung von Beratern zu Gesellschafterversammlungen. Beiziehung bedeutet, dass *neben* dem Gesellschafter ein weiterer Berater an der Gesellschafterversammlung teilnimmt, während bei der Vertretung oder Stimmenbotschaft der Gesellschafter selbst nicht anwesend ist, sondern an seiner Stelle der Vertreter bzw. der Bote teilnimmt. Die Beiziehung von Beratern sollte in der Satzung geregelt werden, da ansonsten Unsicherheit besteht, ob und wann Berater zur Gesellschafterversammlung zuzulassen sind. Überwiegend wird angenommen, dass die Teilnahme von Beratern nur dann zuzulassen ist, wenn die Gesellschafterversammlung zustimmt, wobei ein Anspruch auf Zustimmung dann besteht, wenn die Treuepflicht die Anwesenheit des Beraters gebietet, z. B. weil der Gesellschafter aufgrund persönlicher Gebrechen seine Rechte nicht sachgerecht wahrnehmen kann.

Stimmrecht

Grundsätzlich gewährt das Gesetz in § 47 II GmbHG je 50 Euro des Stammkapitals eine Stimme. Bei einer GmbH mit einem Stammkapital von 25.000

Euro existieren also 500 Stimmen. Beschlüsse werden prinzipiell mit einfacher Mehrheit der *abgegebenen* Stimmen gefasst. Gezählt werden hierbei nur die Ja-Stimmen. Enthaltungen und ungültige Stimmen haben keinen Einfluss auf das Stimmergebnis. Eine einfache Mehrheit kommt also dadurch zustande, dass mehr Ja- als Nein-Stimmen abgegeben wurden.
Stimmen, die nicht abgegeben werden, z. B. weil die Gesellschafter auf der Gesellschafterversammlung nicht anwesend oder vertreten sind, spielen für die Ermittlung des Beschlussergebnisses keine Rolle. Die Satzung kann allerdings festlegen, dass die Mehrheiten abweichend zu berechnen sind, z. B. in Anlehnung an die vorhandenen Stimmen. Auch können größere Mehrheiten, z. B. eine qualifizierte Mehrheit von 75 % der abgegebenen Stimmen, vereinbart werden. Satzungsänderungen und wesentliche Entscheidungen wie Umwandlungsbeschlüsse oder Zustimmungsbeschlüsse zu Unternehmensverträgen bedürfen ohnehin qualifizierter Mehrheiten.

**Rechtsschutz**

Die von der Gesellschafterversammlung zu fassenden Beschlüsse können im Klagewege von Gesellschaftern angegriffen werden, wobei es nicht erforderlich ist, dass diese Gesellschafter an der Gesellschafterversammlung teilgenommen haben. Da das GmbHG keine Frist zur Erhebung einer Klage enthält, sollte eine solche in die Satzung aufgenommen werden (siehe Mustervertrag § 5).

## Wie können Gesellschafter aus der Gesellschaft ausgeschlossen werden?

Praxis-Beispiel

### Geschäftsführer „können nicht mehr miteinander"

Harald Hopfen, Daniel Durst und Boris Bier haben gemeinsam eine Brauerei, in der alle drei als Geschäftsführer fungieren, gekauft und ein Kultbier entwickelt und vermarktet. Hierfür haben sie eine GmbH gegründet und mit dieser eine insolvente Brauerei aus der Insolvenzmasse erworben. Nach ca. drei Jahren ist es ihnen gelungen, ein florierendes Unternehmen auf die Beine zu stellen. Leider gehen die Vorstellungen über die richtige Strategie und die Unternehmensphilosophie auseinander. Auch ist der Arbeitseinsatz recht unterschiedlich, vor allem Daniel Durst setzt sich nicht – wie von den beiden Mitgesellschaftern gewünscht – für die Belange der Gesellschaft ein, insbesondere nimmt er seine Verpflichtung zur Mitarbeit, die im Gesellschaftsvertrag geregelt ist, nicht ernst. Die Trennung wäre aus Sicht der Mitgesellschafter daher wünschenswert. Dies ist allerdings nicht so ohne weiteres möglich, nur bei schweren Pflichtverletzungen kommt ein Ausschluss von Mitgesellschaftern aus der Gesellschaft in Betracht. Zu prüfen wäre allerdings, ob eine Abberufung vom Amt des Geschäftsführers als milderes Mittel erfolgen kann. Dann wäre Daniel Durst zwar noch Gesellschafter, jedoch nicht mehr Geschäftsführer der Gesellschaft, so dass er kein Geschäftsführergehalt mehr beanspruchen kann. ◂

Ursachen

Entstehen zwischen den Gesellschaftern Spannungen, kann sich die weitere Zusammenarbeit als schwierig erweisen. Gleiches gilt, wenn ein Gesellschafter erhebliche Pflichtverletzungen begeht, z. B. Konkurrenzgeschäfte betreibt, Untreuehandlungen begeht, Missmanagement betreibt usw. Von Bedeutung für die Gesellschafter ist daher, unter welchen Voraussetzungen sie sich eines unliebsamen Mitgesellschafters entledigen können.

Einziehung oder Ausschluss

Ein „Rauswurf" eines Gesellschafters ist nur unter engen Voraussetzungen statthaft. Ein Verlust der Gesellschafterstellung kann entweder durch eine Einziehung des Geschäftsanteils oder durch einen Ausschluss des Gesellschafters erreicht werden. Nur dann, wenn der Gesellschaftsvertrag die Einziehung von Geschäftsanteilen oder den Ausschluss von Gesellschaftern vorsieht, sind diese Maßnahmen rechtlich zulässig. Empfehlenswert ist daher die Aufnahme einer so genannten Einziehungs- und/oder Ausschlussklausel in den Gesellschaftsvertrag (siehe § 6 der Mustersatzung).

Rechtslage bei fehlender Regelung

Ist jedoch weder die Einziehung des Geschäftsanteils noch der Ausschluss eines Gesellschafters nach der Satzung möglich, muss die Gesellschaft den Weg der Ausschließungsklage wählen, falls einer der Gesellschafter ausgeschlossen werden soll. Alternativ käme noch eine Klage auf Auflösung der Gesellschaft in Betracht (§ 61 GmbHG).

Verfahren bei Einziehungs- und Ausschlussklausel

Durch eine Einziehungs- bzw. Ausschlussklausel hingegen kehren sich die Rollen um, die Gesellschaft fasst den Einziehungs- bzw. Ausschließungsbeschluss, und der betroffene Gesellschafter muss sich hiergegen im Wege der Klage wehren (zu den Einzelheiten siehe *Jula*, Der GmbH-Gesellschafter, S. 387 ff). Die Einziehung kann entweder mit Zustimmung des betroffenen Gesellschafters erfolgen, was sicherlich in der Praxis die Ausnahme ist, oder zwangsweise gegen seinen Willen. Die Ausschließung aufgrund einer Ausschließungsklausel erfolgt ebenfalls gegen den Willen des

betreffenden Gesellschafters, wobei die Einziehung in § 34 GmbHG im Gegensatz zur Ausschließung gesetzlich geregelt ist.
Die Einziehung (= Amortisation) zielt auf den Geschäftsanteil und vernichtet denselben, während sich der Ausschluss primär gegen die Mitgliedschaft richtet und den Anteil nicht untergehen lässt. Die hier in § 6 der Mustersatzung vorgeschlagene Satzungsklausel enthält sowohl die Möglichkeit des Ausschlusses als auch jene der Einziehung. Der betreffende Gesellschafterbeschluss muss klar gefasst werden. Die Tagesordnung, mit der der Ausschluss bzw. die Einziehung angekündigt wird, muss präzise gefasst sein, insbesondere müssen die Einziehungsgründe detailliert genannt werden, damit eine Vorbereitung der Gesellschafter erfolgen kann. Da im Falle des Ausschlusses – im Gegensatz zur Einziehung – der Geschäftsanteil nicht vernichtet wird, muss er anschließend auf einen Dritten übergehen. Hierfür bedarf es allerdings einer Abtretung, bei der der ausgeschlossene Gesellschafter grundsätzlich mitwirken müsste. Die obige Satzungsklausel ordnet daher an, dass schon jetzt die GmbH bevollmächtigt wird, namens des auszuschließenden Gesellschafters die Abtretung an einen Mitgesellschafter oder an einen Dritten zu erklären. Ob diese Klausel tatsächlich einer Inhaltskontrolle standhält, bleibt abzuwarten. Solange das Abfindungsinteresse des ausschließenden Gesellschafters gewahrt ist, müsste diese Klausel zulässig sein.

Einziehungs- und Ausschlussgründe

Bei der Abfassung des Gesellschaftsvertrags sollte besondere Sorgfalt auf die Verankerung der Einziehungs- bzw. Ausschlussgründe gelegt werden. Die hier in § 6 der Mustersatzung vorgeschlagene Klausel enthält das zu regelnde Minimum. Darüber sollten insbesondere dann, wenn spezielle Verpflichtungen einzelner Gesellschafter in die Satzung aufgenommen werden, wie etwa ein Wettbewerbsverbot oder die Sonderpflicht zur Mitarbeit, Einziehungsgründe bei Verstößen vereinbart werden. Verletzt beispielsweise der Gesellschafter das Wettbewerbsverbot, so sollte dies ausdrücklich auch als Einziehungs- oder Ausschließungsgrund aufgenommen werden. Insofern sollte man sich nicht darauf verlassen, dass der entsprechende Verstoß einen wichtigen Grund darstellt, der ohnehin zur Einziehung bzw. zum Ausschluss berechtigen würde.

Abfindung

Der Ausschluss bzw. die Einziehung ist nur gegen Abfindung zulässig. Nicht restlos geklärt ist, ob der Ausschluss bzw. die Einziehung bereits vor Zahlung der Abfindung wirksam werden kann (BGH, Urt. 20.02.1995, GmbHR

1995, 377). Möglich ist jedoch eine Vereinbarung des Inhalts, dass die Stimmrechte aus dem Geschäftsanteil nach Fassung und Zugang des Beschlusses ruhen. Dies ist sinnvoll, damit der betroffene Gesellschafter keinen Schaden mehr anrichten kann.
Bei der Zahlung der Abfindung muss jedoch die Liquidität der Gesellschaft geschützt werden, weshalb eine Ratenzahlung angeordnet werden sollte. Zu beachten ist ferner, dass Abfindungen nur aus dem ungebundenen Vermögen möglich sind, also das Vermögen, das zur Erhaltung des Stammkapitals erforderlich ist, darf für die Abfindungszahlungen nicht verwendet werden.

Kaduzierung

Sofern ein Gesellschafter seine auf ihn entfallene Stammeinlage trotz Fälligkeit nicht einzahlt, kommt eine Kaduzierung des Geschäftsanteils in Betracht. Das bedeutet, der Geschäftsanteil wird als verlustig erklärt. Im Rahmen des aufwändigen Kaduzierungsverfahrens ist schließlich gemäß § 23 GmbHG die Verwertung des Geschäftsanteils im Wege der Versteigerung vorgesehen. Da diese kostenintensiv und umständlich ist, sollte die Satzung die Verwertung durch freihändigen Verkauf anordnen (siehe Mustervertrag § 6).

## Darf ich als Gesellschafter die Gesellschaft kündigen?

Kündigung und Austritt

Das GmbHG sieht eine Kündigung der Gesellschaft durch einen Gesellschafter nicht vor, eine solche könnte jedoch vertraglich vereinbart werden. Es ist aber auch anerkannt, dass ein Austritt des Gesellschafters aus wichtigem Grund jederzeit – auch ohne Vereinbarung – möglich sein muss (*Lutter/Hommelhoff*, GmbHG, § 34 Rdnr. 36). Dies folgt aus dem mit Wirkung zum 1.1.2002 in das Bürgerliche Gesetzbuch aufgenommenen Rechtsgrundsatz (§ 314 BGB), wonach Dauerschuldverhältnisse jederzeit aus wichtigem Grund, d. h. wenn eine weitere Zusammenarbeit unzumutbar ist, beendet werden können müssen. Die in § 7 der Mustersatzung vorgeschlagene Klausel betrifft die ordentliche Kündigung ohne wichtigen Grund, die eine Alternative zu der Anteilsübertragung durch den ausscheidewilligen Gesellschafter darstellt. Im Gegensatz zur bei der vorhergehenden Frage erörterten Einziehungs- bzw. Ausschlussklausel geht nunmehr die Initiative vom Gesellschafter aus. Dieser sollte die Möglichkeit haben, gegen Abfindung aus der Gesellschaft auszuscheiden.

Verfahren bei der Kündigung

Die Kündigung muss entweder im Wege der Einziehung oder durch Übertragung des Anteils auf einen Dritten umgesetzt werden (siehe § 7 des Mustervertrags). Problematisch ist, was gilt, wenn die Gesellschaft sich nicht rührt, d. h. nach der Kündigung und dem Ablauf der Kündigungsfrist keinerlei Anstalten unternimmt, den Anteil einzuziehen oder auf einen Dritten zu übertragen. In einer solchen Konstellation soll der Geschäftsführer die Möglichkeit haben, Auflösungsklage hinsichtlich der gesamten Gesellschaft zu erheben oder aber auf die Einziehung des Geschäftsanteils gegen Abfindung zu klagen (*Lutter/Hommelhoff*, GmbHG, § 34 Rdnr. 41).

## Darf ich als Gesellschafter meinen Geschäftsanteil an der GmbH ohne weiteres veräußern?

Zustimmung üblich

Nach dem GmbHG sind Geschäftsanteile frei veräußerlich und vererblich. Dies steht jedoch im Widerspruch zum typischen Interesse der Gesellschafter, den Gesellschafterkreis mitbestimmen zu können. Schließlich möchten sich die Mitgesellschafter nicht so ohne weiteres einen ihnen nicht genehmen Gesellschafter „vor die Nase setzen" lassen. Deshalb wird die Übertragung von Geschäftsanteilen in der Regel an die Zustimmung der Gesellschafterversammlung geknüpft (so genannte Vinkulierung). Davon geht auch der obige Gestaltungsvorschlag in § 8 des Mustervertrags aus. Ferner sind die Gesellschafter häufig an einem Ankauf des Geschäftsanteils interessiert, den der ausscheidewillige Gesellschafter abgeben will. Daher berücksichtigt der Satzungsvorschlag ein Vorkaufsrecht der Mitgesellschafter im Rahmen eines durchzuführenden Versteigerungsverfahrens.

## Was gilt bei dem Tod eines Gesellschafters?

Widerstreitende Interessen

Nach dem Erbrecht geht der Anteil mit allen Rechten und Pflichten auf den bzw. die Erben über, die somit auch alle Gesellschafterrechte ausüben können. Häufig möchten die Mitgesellschafter jedoch nicht mit den Erben, die sie vielfach nicht kennen bzw. gegebenenfalls nicht schätzen oder die nicht die notwendige Kompetenz mitbringen, die Gesellschaft fortsetzen. Daher wird oft in der Satzung verankert, dass die Gesellschafterversammlung die

Möglichkeit hat, den Geschäftsanteil gegen Abfindung einzuziehen. Der hiesige Satzungsvorschlag sieht in § 10 ein Versteigerungsverfahren unter den Mitgesellschaftern vor. Findet weder ein Versteigerungsverfahren noch eine Einziehung statt, so bleibt der Erbe Gesellschafter. Während der Übergangszeit ruht das Stimmrecht aus den vererbten Geschäftsanteilen. Insbesondere bei großen Erbengemeinschaften sollten diese verpflichtet werden, einen gemeinsamen Vertreter zu bestellen, damit der Koordinierungs- und Verwaltungsaufwand für die Gesellschaft gering bleibt.

## Welche Abfindung habe ich zu beanspruchen, wenn ich aus der Gesellschaft ausscheide?

Grundsätze

Die Wahl der richtigen Abfindungsklausel ist eine der schwierigsten Aufgaben der Satzungsgestaltung. Hierauf muss besondere Sorgfalt verwandt werden, eine allgemeingültige Abfindungsklausel gibt es nicht, vielmehr sind die Bedürfnisse des Einzelfalls, auch branchenspezifische Besonderheiten sowie die Zusammensetzung des Gesellschaftsvermögens zu beachten. Die in § 10 der Mustersatzung vorgeschlagene Formulierung ist daher nur als Anregung aufzufassen.

Substanz- und Ertragswert

Bei Gesellschaften, die über hohe Substanzwerte, etwa Immobilienvermögen verfügen, sollte dies bei der Abfindungsklausel im Sinne einer Substanzwertabfindung berücksichtigt werden, während bei ertragsstarken Unternehmen ohne nennenswertem Anlagevermögen eine am Ertragswert orientierte Abfindung in den Vordergrund zu stellen ist. In jedem Fall sollte nicht unreflektiert eine Methode aufgenommen werden, deren Berechnung nicht zweifelsfrei anerkannt ist. Häufig findet sich der Verweis auf das Stuttgarter Verfahren, das jedoch nicht immer den Wünschen der Gesellschafter entspricht. Vorteil dieses Verfahrens ist jedoch wenigstens eine Berechenbarkeit der Abfindung. Hingegen kann der bloße Verweis auf eine Berechnung nach der Discounted-Cash-Flow-Methode nicht toleriert werden, da diese gesetzlich nicht geregelte Methode Zweifel aufkommen lassen kann, wie im Einzelnen die Berechnung durchzuführen ist. Vielmehr sollte in derartigen Fällen die Berechnungsmethode in die Satzung aufgenommen werden.

Experten-Tipp

**Abfindungsregelung muss passen**

Bitte achten Sie unbedingt darauf, dass die Abfindungsklausel Ihren Interessen entspricht bzw. dass die Abfindungsregelung auf die Gesellschaft passt. Verfügt die Gesellschaft über hohes Anlagevermögen, beispielsweise ein Betriebsgrundstück, ist eine Abfindung, die diese Substanzwerte berücksichtigt, empfehlenswert. Handelt es sich um eine sehr ertragsstarke Gesellschaft, die hohen Gewinn erwirtschaftet, sollte dieser Ertragswert bei der Abfindung einfließen.

Einschaltung eines Sachverständigen

Häufig begnügen sich die Gesellschafter mit dem Hinweis, dass die Abfindung nach dem Verkehrswert des Anteils zu berechnen ist, welcher von einem Sachverständigen, der von einer dritten kompetenten Stelle zu benennen ist, ermittelt werden muss. Dabei ist allerdings darauf hinzuweisen, dass dadurch immer zusätzlich Sachverständigenkosten ausgelöst werden, ohne dass das Ergebnis die Gesellschafter tatsächlich überzeugen muss. Empfehlenswert kann daher unter Berücksichtigung der konkreten Branche die Verankerung einer berechenbaren Abfindungsmethode sein, sodass jeder Gesellschafter unter Zuhilfenahme der entsprechenden Unterlagen aus der Buchhaltung und einem Taschenrechner selbst ermitteln kann, welche Abfindung er erwarten kann bzw. in welcher Höhe die Abfindung das Gesellschaftsvermögen schmälert.

Beispiel

Geht es beispielsweise um die Abfindung für einen Gesellschafter, der aus einer Versicherungsmakler-GmbH ausscheidet, so ist zu überlegen, wie typischerweise der Wert für ein derartiges Unternehmen berechnet wird. Hierbei geht die Praxis von dem jährlichen Courtagevolumen des Unternehmens aus und multipliziert dieses mit einem individuellen Faktor. In den Faktor können die Kostenstruktur des Unternehmens oder auch gewisse Substanzwerte einfließen. Auch etwa der Wert von Rechtsanwaltskanzleien wird typischerweise an einem bereinigten Jahresumsatz festgemacht. In bestimmten Bereichen gibt es von Verbänden empfohlene Berechnungsmethoden. Grundsätzlich muss einerseits das Interesse der Gesellschaft unter Erhaltung ihrer Liquidität, andererseits aber auch das Interesse des Gesellschafters, eine adäquate Gegenleistung für den Verlust des Geschäftsanteils zu erhalten, berücksichtigt werden. Der obige Gestaltungsvorschlag ist daher lediglich als Anregung aufzufassen.

Reduzierung der Abfindung

Nicht beliebig zulässig ist es, die Abfindungszahlung danach zu steuern, aus welchem Grund der Gesellschafter ausscheidet. Ist der Gesellschafter beispielsweise insolvent, erhält sein Insolvenzverwalter für die Insolvenzmasse die gesamte Abfindung, die damit den Gläubigern zugute kommt. Es wird daher für unzulässig erachtet, wenn durch eine Satzungsklausel in einem solchen Fall die Abfindungssumme niedriger angesetzt wird und so die Gläubiger bewusst benachteiligt werden (siehe OLG Celle, Urt. v. 25.09.1985, ZIP 1985, 1392).

Grenzen von Abfindungsklauseln

Ebenfalls zu berücksichtigen ist die Rechtsprechung zur Sittenwidrigkeit oder zur Anpassung von Abfindungsklauseln, deren Anwendung dazu führen würde, dass die an den Gesellschafter zu zahlende Abfindung in einem auffälligen Missverhältnis zum tatsächlichen Wert des Anteils steht. Die Klauseln, die zu einer krassen Benachteiligung des Gesellschafters führen, können wegen Sittenwidrigkeit nichtig sein bzw. müssen gegebenenfalls korrigiert werden (BGH, Urt. v. 16.12.1991, BGHZ 116, 359; BGH, Urt. v. 20.09.1993, ZIP 1993, 1611; BGH, Urt. v. 24.05.1993, NJW 1993, 2101).

## Was muss ich bei Geschäftsjahr und Ergebnisverwendung beachten?

Ausschüttung oder Einbehaltung

Eine Klausel in der Satzung, die die Rechnungslegung bzw. die Ergebnisverwendung betrifft, ist nur dann erforderlich, wenn von gesetzlichen Vorschriften abgewichen werden soll. Eine wichtige Regelung findet sich unter anderem in § 29 GmbHG. Insbesondere aus Sicht des Minderheitsgesellschafters sollten bzw. könnten verbindliche Regelungen über die Ergebnisverwendung in die Satzung aufgenommen werden (siehe § 11 der Mustersatzung). Dadurch kann der Minderheitsgesellschafter erreichen, dass eine Ausschüttung an ihn überhaupt erfolgt. Auf der anderen Seite kann durch Satzungsklauseln, die eine Rücklagenbildung fördern, dafür gesorgt werden, dass Mittel für anstehende Investitionen zurückgelegt werden.

Geschäftsjahr

Das Geschäftsjahr entspricht in der Regel dem Kalenderjahr. Ein abweichendes Geschäftsjahr kann jedoch sinnvoll sein, gerade dann, wenn die Gesellschaft Saisongeschäft betreibt. Ein Reiseveranstalter, der etwa Sommerreisen anbietet, die spätestens mit den Herbstferien beendet sind, könnte das Geschäftsjahr vom 01.11. bis 31.10. wählen. Dadurch kann er den Erfolg der jeweils letzten Saison möglicherweise besser mit dem der vorigen Saison vergleichen.

## Soll ich mir in der Satzung Sonderrechte einräumen lassen oder Sonderpflichten akzeptieren?

Bedürfnisse des Einzelfalls maßgeblich

Die Vereinbarung von Sonderrechten bzw. Sonderpflichten richtet sich je nach den Interessen des Einzelfalls, insbesondere Minderheitsgesellschafter können sich durch entsprechende Klauseln absichern. So könnte beispielsweise ein Minderheitsgesellschafter, der lediglich über 25 % der Anteile verfügt, bei einem Sonderrecht auf die Geschäftsführung seinen Einfluss auf die Ausübung der Geschäfte sicherstellen. Durch Sonderpflichten lassen sich auch Gesellschafter und ihr Know-how bzw. ihre Arbeitskraft an die Gesellschaft binden. Kommt es der Gesellschaft beispielsweise gerade auf die Mitarbeit des Gründers an, der Software-Entwickler ist, so sollte sich dieser gesellschaftsvertraglich zur Mitarbeit verpflichten. Verstößt er gegen diese Pflicht, könnte entweder die Einziehung seines Geschäftsanteils angeordnet werden und/oder eine Vertragsstrafe vereinbart bzw. eine Kostenerstattung hinsichtlich der Anstellung einer Ersatzkraft geregelt werden. Benötigt die GmbH das Patentrecht bzw. die Urheberrechte, die einem Gesellschafter gehören, so sollte über eine Verpflichtung des Gesellschafters in der Satzung eine langfristige Nutzung durch die GmbH sichergestellt werden.

## Unterliege ich einem Wettbewerbsverbot?

Stellung entscheidend

Geschäftsführer unterliegen während ihrer Geschäftsführerstellung auch ohne eine entsprechende Vereinbarung kraft Gesetzes einem Wettbewerbsverbot. Für Gesellschafter gilt dies grundsätzlich nicht, es sei denn, aus der Treuepflicht ergibt sich eine derartige Verpflichtung (BGH, Urt. vom 5.12.1983, BGHZ 89, 162, 166). Dies ist insbesondere bei beherrschenden Gesellschaftern der Fall, die durch ihre Stellung die Gesellschaft nach ihren Interessen ausrichten könnten, wobei aufgrund ihrer anderweitigen unternehmerischen Tätigkeit zu befürchten ist, dass hier der Gesellschaft Nachteile zugefügt werden, z. B. indem Chancen oder Aufträge an ihr vorbeigeleitet oder riskante Geschäfte gerade ihr zugeschoben werden. Der Alleingesellschafter einer GmbH unterliegt nach der Rechtsprechung so lange keinem gesetzlichen Wettbewerbsverbot, wie er der GmbH kein Vermögen entzieht, das zur Deckung des Stammkapitals benötigt wird (BGH, Urt. vom 10.05.1993, BGHZ 122, 333 = NJW 1993, 1922; der BFH hat sich dem BGH angeschlossen, siehe BFH, Urt. vom 30.08.1995, NJW 1996, 950).

Regelung in Satzung

Das Wettbewerbsverbot sollte ausdrücklich in die Satzung aufgenommen werden (siehe § 13 der Mustersatzung), damit keine Streitigkeiten darüber entstehen, ob der betreffende Gesellschafter einem Wettbewerbsverbot unterliegt oder nicht. Soll für ihn kein Wettbewerbsverbot gelten, kann dies sogleich von Anfang an im Gesellschaftsvertrag vereinbart werden. Die anfängliche Befreiung in der Satzung ist ohne Gegenleistung möglich. Bei einer späteren Befreiung vom Wettbewerbsverbot verlangt die Finanzverwaltung eine angemessene Gegenleistung des Gesellschafters. Fehlt es an dieser Gegenleistung, so liegt eine verdeckte Gewinnausschüttung durch die Befreiung vom Wettbewerbsverbot an den betreffenden Gesellschafter vor (BFH, Urt. vom 11.02.1987, BStBl. 1987, II, 461; BFH, Urt. vom 26.04.1989, BStBl. 1989, II, 673).

## Braucht die Gesellschaft einen Beirat oder Aufsichtsrat?

Bildung nicht zwingend

Eine GmbH muss grundsätzlich keinen Aufsichtsrat bilden. Die Installierung eines Aufsichtsrats kann aber mitbestimmungsrechtlich vorgeschrieben sein. So bei Gesellschaften, die mehr als 500 Arbeitnehmer beschäftigen oder bei der kommunalen GmbH, da die Gemeindeordnungen hier in der Regel anordnen, dass die Überwachung des Managements durch einen Aufsichtsrat zu erfolgen hat. Die vorgeschlagene Satzung enthält in § 14 eine Klausel zur Bildung eines Beirats, von der jedoch nur dann Gebrauch gemacht werden soll, wenn tatsächlich ein Bedürfnis für ein derartiges Organ besteht. Dies ist typischerweise dann der Fall, wenn Gesellschafter sich darauf beschränken, Kapital zur Verfügung zu stellen und an der Geschäftsführung selbst nicht mitwirken, jedoch wenigstens über ein Kontrollorgan das Management überwachen möchten. Weitere Gründe für die Installierung eines Beirats, der auch als Verwaltungsrat bezeichnet werden kann, ist die Gewinnung von externem Sachverstand durch entsprechende Beirats-

mitglieder oder auch die Repräsentation von Familienstämmen bei einer Familien-GmbH.
Das Gremium sollte nur dann als Aufsichtsrat bezeichnet werden, wenn es die für einen Aufsichtsrat gesetzlich vorgeschriebenen Kompetenzen wahrnimmt, wozu insbesondere die Kontrolle der Geschäftsführung gehört (siehe § 52 GmbHG).

## Was gilt für Bekanntmachungen der Gesellschaft?

Information der Allgemeinheit

Wichtige Tatsachen, die die GmbH betreffen, z. B. Satzungsänderungen oder Geschäftsführerwechsel, müssen der Öffentlichkeit bekannt gegeben werden. Es ist zu differenzieren zwischen den Bekanntmachungen, die das Handelsregister von Amts wegen vorzunehmen hat, und jenen, die die Gesellschaft selbst veranlassen muss. Letztere bestehen etwa bei mitbestimmungsrechtlich vorgesehenen Aufsichtsratswahlen oder bei der Liquidation der Gesellschaft. So ist bei der Liquidation der Gesellschaft dreimal von der Gesellschaft ein Gläubigeraufruf bekannt zu machen. Die Bekanntmachung hat im Bundesanzeiger und in den von dem Handelsregister vorgeschriebenen Tageszeitungen zu erfolgen. Hier kann jedoch die Satzung die Bekanntmachung auf ein Veröffentlichungsorgan, wie den Bundesanzeiger beschränken, wodurch erheblich Kosten eingespart werden können.

## Brauche ich eine Schiedsvereinbarung?

Schiedsklausel

Wohl überlegt sein muss, ob eine Schiedsvereinbarung in die Satzung aufgenommen wird (siehe § 16 der Mustersatzung). Dies schließt den ordentlichen Rechtsweg aus. Ausschließlich zuständig ist das Schiedsgericht. Vorteilhaft ist dabei, dass das Schiedsverfahren meist zügig vonstatten geht. In der Regel gibt es lediglich eine Instanz, es können aber auch Schiedsverfahren vereinbart werden, die zwei Instanzen vorsehen. Durch die Verkürzung des Instanzenzuges werden zwar Kosten eingespart, auf der anderen Seite müssen jedoch die Schiedsrichter bezahlt werden – und diese Kosten sind höher als die sonst anfallenden Gerichtskosten, insbesondere dann, wenn drei Schiedsrichter vorgesehen sind, entstehen erhebliche Kosten.

Grenzen

Auch sind Schiedssprüche über die Wirksamkeit von Gesellschafterbeschlüssen nach überwiegender Ansicht nicht zulässig. Hierüber dürfen wegen der Rechtssicherheit und der Drittwirkung nur ordentliche Gerichte entscheiden (siehe BGH, Urt. v. 29.03.1996, ZIP 1996, 830, 832 f.; *Jula*, Der GmbH-Gesellschafter, S. 256). Schiedsvereinbarungen über die Entscheidung von Anfechtungsklagen, Nichtigkeitsklagen sowie gegebenenfalls weitere Klagen, bei denen die Urteilswirkung gemäß § 248 Aktiengesetz eintreten kann, sind demnach also unzulässig.

## Was habe ich bei den Gründungskosten zu beachten?

Aufnahme in Satzung

Die Gründungskosten umfassen mindestens die Gerichtsgebühren, die an das Handelsregister für die Eintragung und Bekanntmachung zu zahlen sind, sowie die Notarkosten. Der Gründungsaufwand sollte in die Satzung aufgenommen werden. Nur dann dürfen diese Beträge aus dem Gesellschaftsvermögen entrichtet werden. Trägt die Gesellschaft dennoch auf eigene Rechnung die Gründungskosten, stellt dies eine verdeckte Gewinnausschüttung an die Gesellschafter dar (BFH, Urt. 11.10.1989, GmbHR 1990, 313; BFH, Urt. 11.02.1997, GmbHR 1997, 1168; ausführlich mit weiteren Nennungen *Jürgenmeyer/Maier*, Der Gründungsaufwand bei der GmbH als verdeckte Gewinnausschüttung, BB 1996, 2135).

Grenzen

Üblicherweise werden zu den Gründungskosten auch der Aufwand für Markenrechtsrecherchen und beratende Anwälte hinzugesetzt, wobei jedoch die Abzugsfähigkeit strittig ist. Kosten eines Unternehmensberaters, etwa für die Erstellung des Gründungskonzeptes oder eines Business-Planes, werden nicht anerkannt. Hier sind noch nicht alle Einzelheiten geklärt. Nach strenger Ansicht sind die Kosten einzeln in der Satzung aufzuschlüsseln, was jedoch nicht praktiziert wird. Es wird überwiegend für ausreichend erachtet, wenn der Gesamtbetrag bezeichnet wird und die Angabe erfolgt, was im Einzelnen zu den Gründungskosten gehört.

# Welche Formalien und Steuern muss ich beachten?

## Was muss ich vor dem Gang zum Notar beachten?

Satzung muss feststehen

Die Gründung der GmbH geschieht vor dem Notar. Hier wird das so genannte Gründungsprotokoll beurkundet. Wichtigster Bestandteil bzw. Anlage zum Gründungsprotokoll ist der Gesellschaftsvertrag, also die Satzung der GmbH. Bevor der Weg zum Notar unternommen wird, sollten sich jedoch der Gründer bzw. die Gründer über die wesentlichen Eckpunkte des Vorhabens im Klaren sein, insbesondere der Inhalt der Satzung muss feststehen. Hierbei kann der Notar Unterstützung leisten, indem er einen Formulierungsvorschlag für die Satzungsurkunde unterbreitet und mit den Gründern durchspricht.

Experten-Tipp

**Formulieren Sie die Satzung sorgfältig**

Die Satzung ist Ihre Grundordnung. Diese sollten Sie gut kennen. Vor allem sollten Sie darauf achten, dass die ihren Bedürfnissen entsprechenden Regelungen mit aufgenommen werden. Beim Abschluss des Vertrags herrscht in der Regel zwischen den Gründern noch Einvernehmen. Hier können Regelungen, z. B. zum Schutz des Minderheitsgesellschafters vereinbart werden, die sich später im Krisenfall als nützlich erweisen, Näheres hierzu ausführlich oben bei der Frage „Was habe ich beim Gesellschaftsvertrag zu beachten?“.

Startschuss mit Bedacht abgeben

Auch sollte die Finanzierung des Vorhabens auf festen Füßen stehen, bevor der Notar aufgesucht wird. Denn durch die notarielle Beurkundung werden Kosten ausgelöst und das Finanzamt wird informiert, da der Notar verpflichtet ist, eine Abschrift zu übersenden. Die steuerrechtliche Anmeldung der Gesellschaft sowie eine Aufstellung der Eröffnungsbilanz sind dann unerlässlich. Ob der Stein daher tatsächlich ins Rollen gebracht wird, will gründlich überlegt sein. Steht der Entschluss jedoch fest, sollte die Gründung der GmbH wegen der bis zur Eintragung in das Handelsregister bestehenden Haftungsrisiken (siehe dazu die Abschnitte zur Haftung von Gesellschaftern und Geschäftsführern in der Gründungsphase) zügig betrieben werden. Die Gründung beginnt – wie erwähnt – mit der notariellen Beurkundung des Gründungsprotokolls und des Gesellschaftsvertrags. Im Gründungsprotokoll erklären die Gesellschafter, eine Gesellschaft mit beschränkter Haftung unter einer bestimmten Firma gründen zu wollen.

## Unter welchem Namen kann ich meine GmbH gründen?

Das Registergericht prüft die eingereichten Unterlagen, fordert die Gerichtskosten an und übersendet den Vorgang der Industrie- und Handelskammer im Hinblick auf die beabsichtigte Firmierung. Die Firma, das heißt der Name der Gesellschaft, wird damit einer gesonderten Prüfung unterzogen, insbesondere muss er sich von dem Namen bereits bestehender Unternehmen unterscheiden.

Experten-Tipp

**Firmen- und Markenrechtlichkeit der geplanten Firma prüfen**

Bevor der Gang zum Notar angetreten wird, sollte unbedingt überprüft werden, ob die beabsichtigte Firma firmen- und markenrechtlich in Ordnung geht. Es muss also geklärt werden, ob es bereits andere Unternehmen gibt, die unter gleicher oder ähnlicher Firmierung auftreten. Insbesondere Unternehmen, die den gleichen regionalen Markt bedienen, werden sich gegen die Firmierung des neuen Unternehmens wehren, vor allem dann, wenn gegebenenfalls noch dieselbe Branche betroffen ist. Zu bedenken ist, dass zahlreiche Wörter auch markenrechtlich geschützt sind. Dies betrifft insbesondere Fantasiebezeichnungen (siehe bereits oben im Teil II die Frage „Was habe ich bei der Wahl der Firma und des Sitzes der Gesellschaft zu beachten?").

Praxis-Beispiel

**„Physioline – soll es sein"**

Horst Müller plant die Eröffnung eines Fitness-Centers unter der Bezeichnung Physioline-Fitness-GmbH. Es gibt jedoch bereits eine Physioline-GmbH, die sich mit Krankengymnastik und Physiotherapie beschäftigt. Diese GmbH dürfte etwas dagegen haben, wenn die neue GmbH ihren Firmenkern, das heißt die Bezeichnung Physioline, seinerseits verwendet. Die frisch gegründete GmbH bzw. Horst Müller persönlich könnten von der Physioline-GmbH auf Unterlassung in Anspruch genommen werden. Hat Horst Müller bereits seine GmbH notariell beurkunden lassen und zahlreiche Marketingmaßnahmen unter der Bezeichnung vorgenommen, wird er einen erheblichen finanziellen Schaden erleiden, wenn er sein Geschäft nunmehr umbenennen müsste. Daher ist es äußerst wichtig, die rechtliche Zulässigkeit des Namens vorher zu klären bzw. zu prüfen, inwieweit die beabsichtigte Firmierung in Rechte Dritter eingreifen könnte. Es gibt Institute, die gegen Entgelt markenrechtliche Prüfungen vornehmen. Von diesem Angebot sollte Gebrauch gemacht werden. Als erster Schritt kann es schon genügen, wenn das bundesweite Telefonbuch (www.teleauskunft.de) auf identische Namen hin überprüft wird oder über die Internet-Suchmaschinen der beabsichtigte Name eingegeben wird. Jedenfalls dann, wenn im regionalen Markt bereits ein gleichnamiger Anbieter gegebenenfalls im gleichen Segment seine Leistungen vermarktet, sollte von der beabsichtigten Firmierung abgesehen werden. ◂

## Welche Pflichten bestehen gegenüber dem Finanzamt?

GmbH ist Steuersubjekt

Die Gesellschaft ist ein so genanntes eigenes Steuersubjekt, sie zahlt unter anderem Körperschaftsteuer und Gewerbesteuer. Sie ist Unternehmerin im Sinne des Umsatzsteuergesetzes. Die steuerlichen Pflichten der Gesellschaft nehmen allerdings nicht die Gesellschafter, sondern der Geschäftsführer wahr. Der Geschäftsführer hat die steuerlichen Pflichten der Gesellschaft wahrzunehmen (§ 34 Abs. 1 Abgabenordnung [AO]). Der Geschäftsführer, der die steuerlichen Pflichten missachtet, kann unter bestimmten Voraussetzungen persönlich vom Finanzamt in die Haftung genommen werden (siehe § 69 AO). Dies setzt voraus, dass der Geschäftsführer vorsätzlich oder grob fahrlässig die steuerlichen Pflichten nicht erfüllt. Vorsätzlich handelt, wer bewusst und gewollt gegen die ihm auferlegten Pflichten verstößt. Grobe Fahrlässigkeit liegt vor, wenn jemand in besonders hohem Maße sorgfaltswidrig, das heißt leichtfertig, handelt. Der Geschäftsführer haftet hier also mit seinem persönlichen Vermögen, wenn er die steuerlichen Pflichten missachtet.

Umfang der Pflichten

Die GmbH befindet sich von Anfang an unter der Kontrolle des Finanzamtes. Bereits der Notar ist verpflichtet, dem Finanzamt eine Ausfertigung der Gründungsurkunde zu übersenden. Dieses fordert den Geschäftsführer in der Regel auf, die Gesellschaft ordnungsgemäß anzumelden und eine Eröffnungsbilanz aufzustellen. Sodann sind die üblichen steuerlichen Pflichten zu erfüllen, das heißt einmal jährlich sind die Körperschaftsteuererklärung, die Gewerbesteuererklärung und die Umsatzsteuererklärung vorzunehmen. Während eines Geschäftsjahres sind, sofern die Voraussetzungen vorliegen, monatlich oder quartalsmäßig die Umsatzsteuer bzw. die Lohnsteuer anzumelden. Dies hängt davon ab, in welchem Umfang umsatzsteuerpflichtige Umsätze getätigt werden und ob lohnsteuerpflichtige Arbeitnehmer beschäftigt sind. Sind diese Pflichten monatlich zu erfüllen, so muss jeweils bis zum Ablauf des 10. Kalendertags des Folgemonats die Voranmeldung beim Finanzamt eingegangen sein.

Fristen

Die Jahressteuererklärungen sind bis zum 31. Mai des Folgejahres abzugeben (§ 149 Abs. 2 AO). Wird die Gesellschaft von einem Steuerberater betreut, so erhält dieser ohne weiteres Fristverlängerung für die Abgabe der Steuererklärungen bis zum 30. September des Folgejahres. Im vereinfachten Verfahren, das heißt durch Einreichung von Mandantenlisten durch den steuerlichen Berater, kann diese Frist dann wiederum bis zum 28. Februar des darauf folgenden Jahres verlängert werden. Die Steuererklärung für das Geschäftsjahr 2002 beispielsweise ist bis zum 31. Mai 2003 abzugeben. Wird ein Steuerberater eingeschaltet, verlängert sich die Frist auf den 30. September 2003, welche wiederum bis zum 28. Februar 2004 verlängert werden kann. In Extremfällen ist mit Begründung sogar noch eine weitere Verlängerung bis zum 30. Juni 2004 möglich.

Systemwechsel bei Besteuerung

Aufgrund der 1999 verabschiedeten Unternehmenssteuerreform wurden erhebliche Änderungen bei der Besteuerung von Kapitalgesellschaften und ihren Anteilseignern vorgenommen. Es erfolgte eine Systemumstellung vom bisherigen Anrechnungsverfahren zum europatauglichen Halbeinkünfteverfahren.

Körperschaftsteuer

Erwirtschaftet die GmbH Gewinne, so unterliegen diese – wie erwähnt – der Körperschaftsteuer. Bei der Körperschaftsteuer handelt es sich um eine eigene Steuer der GmbH, die diese und nicht ihr Anteilseigner dem Finanzamt schuldet. Die Gesellschafter entscheiden, ob sie den Gewinn an sich ausschütten oder ihn im Gesellschaftsvermögen zur Stärkung der Eigenkapitalbasis belassen.

Die GmbH musste bisher für einbehaltene Gewinne 40 % Körperschaftsteuer und für ausgeschüttete Gewinne 30 % Körperschaftsteuer an das Finanzamt abführen.

Versteuerung der Dividenden

Der Gesellschafter hat sodann die von ihm bezogene Dividende als eigenes Einkommen zu versteuern. Bisher konnte der Gesellschafter, der unbeschränkt einkommensteuerpflichtig war, die von der GmbH gezahlte Körperschaftsteuer auf seine persönliche Einkommensteuerschuld anrechnen lassen. Dadurch wurden die Dividenden beim Gesellschafter mit seinem individuellen Steuersatz besteuert und eine Doppelbesteuerung vermieden. Dieses so genannte Anrechnungsverfahren wurde abgeschafft. Es galt letztmalig noch für Gewinne, die im Jahr 2001 an die Anteilseigner ausgeschüttet wurden.

Definitivsteuer

An die Stelle des Anrechnungsverfahrens sind eine Körperschaftsteuer als Definitivsteuer und das Halbeinkünfteverfahren getreten. Auch nach der Unternehmenssteuerreform muss eine GmbH ihre Gewinne der Körperschaftsteuer unterwerfen, wobei jedoch der Körperschaftsteuersatz einheitlich auf 25 % gesenkt wurde. Erstmalig kam der neue Steuersatz für Ausschüttungen im Jahr 2002 zur Anwendung. Dieser Körperschaftsteuersatz gilt unabhängig davon, ob die Gewinne ausgeschüttet oder einbehalten werden. Da die Anrechnung der von der GmbH gezahlten Körperschaftsteuer beim Anteilseigner entfällt, handelt es sich um eine so genannte Definitivsteuer.

Halbeinkünfteverfahren

Das statt des Anrechnungsverfahren eingeführte Halbeinkünfteverfahren besagt, dass die Anteilseigner jeweils die Hälfte der erhaltenen Ausschüttungen im Rahmen ihrer Einkommensteuer versteuern müssen. Eine Verrechnung mit der von dem Unternehmen bereits gezahlten Körperschaftsteuer ist nicht mehr möglich.

Es kommt nunmehr für die Besteuerung des Gewinns bei der GmbH nicht mehr darauf an, ob die Gewinne ausgeschüttet oder einbehalten werden. Durch die Senkung des Steuersatzes von 40 auf 25 % für einbehaltene Gewinne werden Anreize gesetzt, die Eigenkapitalbasis von Unternehmen zu verstärken.

Sparerfreibetrag

Bei Einkünften aus Kapitalvermögen wird jährlich ein Freibetrag von 1.550 € pro steuerpflichtiger Person bzw. von 3.100 € bei gemeinsamer Veranlagung von Ehegatten gewährt (Stand: Veranlagungszeitraum 2003). Der Freibetrag ist also ein kleiner Anreiz, um Einkünfte aus Kapitalvermögen zu erzielen. Da jedoch dem Gesellschafter häufig auch andere Einkünfte aus Kapitalvermögen zufließen, dürfte der Freibetrag ohnehin meist ausgeschöpft sein, sodass dieses Argument in der Regel keine Bedeutung erlangt.

Versteuerung des Veräußerungserlöses

Der Erlös beim Verkauf von GmbH-Beteiligungen, die der Gesellschafter in seinem Privatvermögen hält, war schon bisher der Einkommensteuer zu unterwerfen. Allerdings galt dies nur, sofern es sich um eine wesentliche Beteiligung handelte. Bis zur Unternehmenssteuerreform lag die Grenze der wesentlichen Beteiligung bei „mehr als 25 %“, das heißt nur der Gesellschafter, der eine GmbH-Beteiligung von „mehr als 25 %“ in seinem Privatvermögen hielt, musste den Veräußerungserlös versteuern. In der ersten Stufe der Steuerreform ist dieser Prozentsatz bereits auf „mehr als 10 %“ herabgesetzt worden. Nunmehr erfolgte ab dem Veranlagungszeitraum 2002 eine Absenkung auf „mindestens 1 %“.

GmbH als Gesellschafterin

Besonders attraktiv schließlich ist die neue Regelung, die eine Steuerfreiheit von der Körperschaftsteuer für Dividenden anordnet, die eine Kapitalgesellschaft von einer anderen bezieht. Das bedeutet: Schüttet eine Kapitalgesellschaft, also etwa eine GmbH oder AG, eine Dividende an eine andere Kapitalgesellschaft aus, so stellt der Zufluss dort steuerfreies Einkommen dar.

Experten-Tipp

**Steuerfreie Dividenden für Privatpersonen**

Auch Privatpersonen können von dieser Regelung profitieren, indem sie eine vermögensverwaltende GmbH gründen, die etwa zum Zwecke der Altersvorsorge steuerfrei ein Vermögen aus zufließenden Dividenden aufbaut.

Zu beachten ist allerdings, dass dann jeweils die Ausschüttung von Dividenden aus der vermögensverwaltenden GmbH zugunsten des Gesellschafters bei diesem nach dem beschriebenen Halbeinkünfteverfahren zu besteuern ist. Der Gesellschafter kann in der Sphäre der GmbH steuerfrei ein

Vermögen aufbauen. Sobald er dieses jedoch an sich ausschüttet, unterliegt die an ihn ausgeschüttete Dividende wiederum zur Hälfte der persönlichen Einkommensteuer. Auch ist zu beachten, dass der Transfer von Vermögensgegenständen aus dem Vermögen des Gesellschafters auf die vermögensverwaltende GmbH je nach Art und Gestaltung ein steuerpflichtiger Vorgang sein kann. Wird beispielsweise eine im Privatvermögen gehaltene GmbH-Beteiligung in eine vermögensverwaltende GmbH eingebracht, so stellt diese Sacheinlage grundsätzlich einen steuerpflichtigen Veräußerungsvorgang dar, der genauso behandelt wird wie die Veräußerung einer im Privatvermögen gehaltenen Beteiligung an einen Dritten. Die Veräußerung von GmbH-Beteiligungen im Privatvermögen ist schon dann steuerpflichtig, wenn der Veräußerer mindestens 1 % am Kapital hält. Im Einzelfall muss daher sehr genau geprüft werden, welche Gestaltung günstig ist.

# Was muss ich hinsichtlich der Geschäftsführung beachten?

## Wer leitet die GmbH?

Geschäftsführer sind Top-Manager

Die Leitung der Geschäfte liegt in den Händen der Geschäftsführer sowie der diesen nachgeordneten Mitarbeiter. Die Geschäftsführer sind für die Vertretung der Gesellschaft nach außen zuständig und haben die Geschäfte umfassend zu führen. Im Innenverhältnis sind sie allerdings verpflichtet, sich an die Vorgaben des Gesellschaftsvertrags, ihres Geschäftsführer-Dienstvertrags sowie an sämtliche Gesellschafterbeschlüsse zu halten.

Interne Bindungen

Heißt es beispielsweise in der Satzung, dass Grundstücksgeschäfte nur mit Zustimmung der Gesellschafterversammlung getätigt werden dürfen, setzt sich der Geschäftsführer hierüber jedoch hinweg und entsteht der Gesellschaft dadurch ein Schaden, so macht er sich gegenüber der GmbH schadensersatzpflichtig.

Vertretung und Geschäftsführung

Bei der Leitung der Gesellschaft unterscheiden die Juristen zwischen der Vertretung und der Geschäftsführung. Die Vertretung ist das rechtliche Können im Außenverhältnis, die Geschäftsführung das rechtliche Dürfen des Geschäftsführers im Innenverhältnis. Der Geschäftsführer kann im Außenverhältnis oft viel, er darf jedoch häufig im Innenverhältnis wenig.

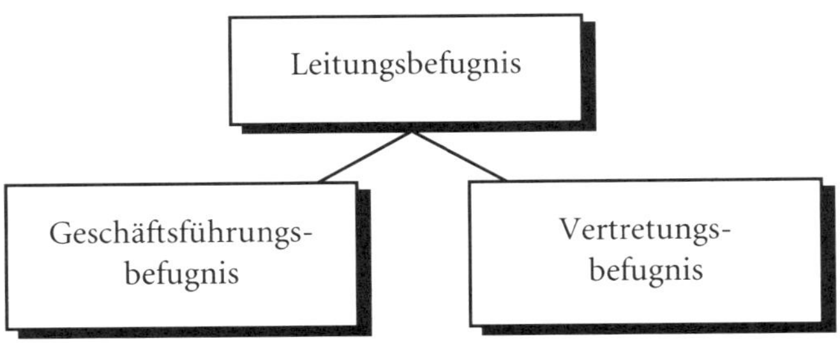

Grundsatz der unbeschränkbaren Vertretungsmacht

Die Vertretungsmacht des Geschäftsführers im Außenverhältnis ist nicht einschränkbar, das heißt der Geschäftsführer kann die Gesellschaft bei allen gerichtlichen und außergerichtlichen Maßnahmen vertreten. Er kann Prozesse führen, Mitarbeiter einstellen und entlassen, Grundstücke kaufen und verkaufen oder sich einen neuen Dienstwagen anschaffen. Ob er dies im Innenverhältnis auch darf, ist im Einzelnen zu regeln. Maßgeblich für den Umfang der Kompetenzen ist das Innenverhältnis. Diesbezüglich muss der Geschäftsführer auf der Hut sein und darf keinesfalls im Außenverhältnis seine Befugnisse, die er im Innenverhältnis hat, überschreiten. Die Gläubiger sind grundsätzlich bei einer Kompetenzüberschreitung des Geschäftsführers geschützt. Sie können sich auf die unbeschränkbare Vertretungsmacht des Geschäftsführers verlassen. Der Gläubiger, der etwa von der GmbH ein Grundstück gekauft hat, muss sich nicht entgegenhalten lassen, dass der Geschäftsführer im Innenverhältnis dieses Grundstück überhaupt nicht verkaufen durfte.

Praxis-Beispiel

**„Pick a Motion"**

Markus Bach und Cosima Meier möchten eine GmbH gründen, die Computeranimationen entwickelt, die auf den Internetseiten anderer Anbieter installiert werden sollen. Gedacht ist an die Produktion kleinerer Internetauftritte in Form von Zeichentrickfilmen. Das Stammkapital der Gesellschaft soll 25.000 € betragen. Hiervon übernehmen Markus Bach und Cosima Meier jeweils die Hälfte. Eingezahlt werden soll wiederum die Hälfte der übernommenen Stammeinlagen. Also übernimmt Markus Bach ebenso wie Cosima Meier jeweils eine Stammeinlage von 12.500 €, beide zahlen hierauf 6.250 € ein. Die GmbH soll den Namen „Bach & Meier GmbH" tragen. Vor dem Notar errichten die beiden eine Gesellschaft unter der Firma „Bach & Meier GmbH". Sie erklären ferner die Übernahme ihrer Geschäftsanteile und welchen Betrag sie hierauf einzahlen. Sodann lassen die beiden den Gesellschaftsvertrag beurkunden, was bedeutet, dass der Notar zusätzlich zum Gründungsprotokoll den kompletten Gesellschaftsvertrag vorliest und gegebenenfalls die Parteien über die damit verbundenen Risiken belehrt. Nach Beurkundung des Gesellschaftsvertrages wird das Gründungsprotokoll unterzeichnet, die Gesellschaft ist damit wirksam errichtet worden. Sie ist jedoch noch nicht handlungsfähig, weil ein Geschäftsführer fehlt.

Die Bestellung des Geschäftsführers ist in der Regel die erste Maßnahme, die die Gesellschafter nach Gründung der Gesellschaft vornehmen. Sie setzt allerdings voraus, dass die Person des Geschäftsführers feststeht.

Bestellung des Geschäftsführers

Nehmen wir an, dass sowohl Markus Bach als auch Cosima Meier Geschäftsführer werden sollen. Die Gesellschafter müssten sich darüber einigen, ob sie beide nur zusammen die Gesellschaft vertreten dürfen oder jeder von ihnen allein für die Gesellschaft als Geschäftsführer fungieren soll. In ersterem Fall spricht man von Gesamtvertretung, in letzterem von Allein- bzw. Einzelvertretung.

Art der Vertretung

Einigen sich die beiden darauf, dass jeder allein auftreten darf, so ist noch zu klären, ob jeder auch mit sich selbst bzw. gleichzeitig als Vertreter von Dritten Geschäfte machen darf (so genannte Befreiung vom Verbot des Selbstkontrahierens und der Drittvertretung, § 181 BGB). Dies bedeutet, dass der Geschäftsführer, der diese Befreiung hat, auch Geschäfte vornehmen könnte, bei denen er selbst Vertragspartner ist. Auch könnte er gleichzeitig einen Dritten vertreten. Benötigt beispielsweise die Ehefrau von Markus Bach eine Computeranimation, die sie auf die Internetseiten ihres Friseur-Unternehmens stellen möchte, so könnte Markus Bach, wenn er vom Verbot des § 181 BGB befreit ist, diesen Vertrag sowohl namens der GmbH als auch namens seiner Ehefrau abschließen. Es ist offensichtlich, dass hier Interessenkollisionen entstehen, weil die Befürchtung besteht, dass Leistung und Gegenleistung zum Nachteil einer der beiden Vertragsparteien vereinbart werden. Gleiches würde dann gelten, wenn Markus Bach mit sich selbst ein solches Geschäft tätigen würde, etwa weil er für ein anderes von ihm betriebenes Unternehmen eine Computeranimation benötigte. Daher sind derartige Geschäfte nur dann gestattet, wenn die Gesellschafter sich hierüber geeinigt haben.

Verbot des § 181 BGB

Sofern Markus Bach und Cosima Meier Alleinvertretungsbefugnis mit Befreiung vom Verbot des § 181 BGB erhalten, müssten die beiden folgenden Gesellschafterbeschluss fassen:

„Zu den ersten Geschäftsführern werden der Dipl.-Kfm. Markus Bach, geboren am 17. März 1970 in Berlin, sowie die Dipl.-Ing. Cosima Meier, geboren am 22. April 1974 in Wasching/Landkreis Freyung-Grafenau bestellt. Beide Geschäftsführer haben Einzelvertretungsmacht und sind von den Beschränkungen des § 181 BGB befreit.“

Nehmen Markus Bach und Cosima Meier die Bestellung zum Amt des Geschäftsführers an, so sind sie mit diesem Zeitpunkt Geschäftsführer der neu gegründeten Gesellschaft. Die Gesellschaft ist zwar genau genommen noch keine GmbH, weil sie noch nicht im Handelsregister eingetragen ist, es handelt sich vielmehr um eine so genannte GmbH in Gründung (GmbH i. G.).

Anmeldung der Gesellschaft beim Handelsregister

Die frisch bestellten Geschäftsführer haben nunmehr die Aufgabe, die Gesellschaft zur Eintragung beim Handelsregister anzumelden. Dies dürfen sie jedoch – wie erwähnt – erst dann tun, wenn die Mindeststammeinlagen zu ihrer freien Verfügung in das Gesellschaftsvermögen geleistet worden sind.

Erklärungen der Geschäftsführer gegenüber dem Handelsregister

Die Geschäftsführer müssen gegenüber dem Handelsregister sogar versichern, dass die Stammeinlagen zu ihrer freien Verfügung stehen. Geben sie diese Versicherung wahrheitswidrig ab, so machen sie sich strafbar und gleichzeitig schadensersatzpflichtig.

Meldet ein Geschäftsführer beispielsweise die Gesellschaft an, obwohl entgegen seiner Versicherung die Stammeinlage eines Gesellschafters, die in Höhe von 50.000 € einbezahlt werden soll, gar nicht geleistet wurde, so muss er gegenüber der Gesellschaft hierfür gegebenenfalls einstehen. Gleichzeitig hat er sich einer Straftat schuldig gemacht. Gerät die Gesellschaft in die Insolvenz, das heißt wird sie pleite, kann der Insolvenzverwalter den Geschäftsführer an seiner falschen Versicherung festhalten und ihn für die 50.000 € zur Kasse bitten. Gleichzeitig muss die Staatsanwaltschaft dieses Delikt als Straftat verfolgen.

Die Anmeldung zum Handelsregister ist von sämtlichen Geschäftsführern vorzunehmen. Ihre Unterschriften auf der Anmeldung sind notariell zu beglaubigen.

Neben der bereits angesprochenen Versicherung, dass die Stammeinlagen zu ihrer freien Verfügung geleistet sind, müssen sie ferner versichern, dass sie die persönlichen Voraussetzungen für das Amt des Geschäftsführers mitbringen (siehe dazu das Kapitel weiter unten).

## Wie bestelle ich einen Geschäftsführer?

Gesellschafterversammlung zuständig

Ein Geschäftsführer wird in der Regel durch Beschluss der Gesellschafterversammlung bestellt. Dieser Beschluss ist formfrei, es bedarf nicht der Hinzuziehung eines Notars. Die Gesellschafterbeschlüsse einer GmbH bedürfen dann der notariellen Form, wenn sie satzungsändernden Charakter haben, wozu eine Geschäftsführerbestellung nicht gehört. Auch eine Schriftform sieht das Gesetz nicht vor. Häufig ist eine Schriftform der Gesellschafterbeschlüsse jedoch in der Satzung verankert bzw. zumindest eine Protokollierung vorgesehen. Da das Handelsregister den Nachweis benötigt, dass es zur Bestellung des Geschäftsführers gekommen ist, kommen die Beteiligen nicht umhin, den Beschluss schriftlich zu fassen.

Regelung in der Satzung

Statt einer Bestellung durch Gesellschaftsbeschluss kann auch der Geschäftsführer im ersten Gesellschaftsvertrag vorgesehen sein. Heißt es also in der ersten Satzung der Bach & Meier GmbH, dass zu den ersten Geschäftsführern Markus Bach und Cosima Meier bestellt werden, so sind diese beiden Personen Geschäftsführer, ohne dass es hierfür eines gesonderten Gesellschafterbeschlusses bedarf. Ansonsten ist die Gesellschafterversammlung für die Bestellung des Geschäftsführers zuständig, falls die Aufgabe nicht einem gegebenenfalls vorhandenen Aufsichtsrat zugewiesen ist (siehe zum Aufsichtsrat Teil I, „Brauche ich einen Aufsichtsrat bzw. einen Beirat?“).

## Welche persönlichen Voraussetzungen muss ein GmbH-Geschäftsführer mitbringen?

Keine fachliche Qualifikation vorgeschrieben

Das Gesetz stellt an den GmbH-Geschäftsführer keine Anforderungen im Hinblick auf die Qualifikation für die auszuübende Tätigkeit. Eine abgeschlossene Berufsausbildung ist ebenso wenig erforderlich wie ein Hochschulstudium oder andere Qualifikationsnachweise. Ein Rechtsanwalt kann eine Biotechnologie-GmbH gründen oder ein Architekt eine Fluggesellschaft-GmbH. Ob dies betriebswirtschaftlich sinnvoll ist, steht auf einem anderen Blatt.

Geschäftsfähigkeit ist wichtig

Das Gesetz verlangt lediglich in § 6 Abs. 2 GmbHG, dass der Geschäftsführer eine unbeschränkt geschäftsfähige Person ist oder – falls er unter Betreuung steht – kein so genannter Einwilligungsvorbehalt für die Besorgung von Vermögensangelegenheiten besteht. Ist also jemand etwa wegen Geisteskrankheit unter Betreuung gestellt und darf er seine Vermögensangelegenheiten nur mit Einwilligung eines Betreuers vornehmen, kann er nicht Geschäftsführer werden.

Vorstrafen des Geschäftsführers

Schließlich darf auch keine rechtskräftige Verurteilung des Geschäftsführers wegen einer Insolvenzstraftat innerhalb der letzten fünf Jahre vorliegen, wozu der Bankrott, die Schuldner- und Gläubigerbegünstigung sowie die Verletzung von Buchführungspflichten gehören (§§ 283–283d Strafgesetzbuch). Eine Verurteilung wegen Insolvenzverschleppung gemäß § 84 GmbHG steht einer Bestellung zum GmbH-Geschäftsführer allerdings nicht entgegen. Erst recht ist es kein Problem, wenn ein Geschäftsführer bereits einmal mit einer GmbH in die Insolvenz „gegangen ist". Somit ist es ohne weiteres möglich, dass ein Geschäftsführer eine GmbH in die Pleite geführt hat und sich anschließend dennoch als GmbH-Geschäftsführer in einer neuen GmbH betätigt.

Gewerbeuntersagung

Ein Hinderungsgrund, Geschäftsführer zu werden, ist allerdings eine Gewerbeuntersagung für Tätigkeiten, die zum Unternehmenszweck der neuen GmbH gehören. Ein solche Gewerbeuntersagung kann durch Urteil eines Gerichts oder Entscheidung der Verwaltungsbehörde ausgesprochen werden. Ist beispielsweise ein Einzelunternehmer mit einem Betrieb im Bereich Baumaschinenhandel in die Insolvenz geraten und schuldet er aus dieser Zeit eine Reihe von Sozialversicherungsbeiträgen und Steuern, kann die Verwaltungsbehörde, wenn sie der Ansicht ist, der Unternehmer bringe nicht die Zuverlässigkeit mit, die für das Führen eines Betriebs notwendig ist, ihm untersagen, sowohl als Selbstständiger als auch als Geschäftsführer eines Unternehmens im Bereich Baumaschinenhandel tätig zu werden.

# Was habe ich beim Geschäftsführer-Dienstvertrag zu beachten?

## Grundsätzliches

Der hier vorgeschlagene Entwurf für den Abschluss eines Anstellungsvertrages enthält die in der Praxis benötigten Klauseln. Dort, wo die Parteien sich zwischen verschiedenen vertraglichen Bestimmungen entscheiden können und sollten, ist dies gesondert kenntlich gemacht.

Begriffe

Die Begriffe Anstellungsvertrag, Geschäftsführervertrag oder Geschäftsführer-Dienstvertrag werden synonym verwendet. Teils wird auch unpräzise vom Arbeitsvertrag des Geschäftsführers gesprochen. Das Dienstverhältnis des Geschäftsführers ist jedoch in der typischen Konstellation kein Arbeits-, sondern ein freies Dienstverhältnis.

Organ- und Dienstverhältnis

Das Geschäftsführer-Dienstverhältnis ist streng vom Organverhältnis zu trennen. Das Organverhältnis beinhaltet den gesellschaftsrechtlichen Status des Geschäftsführers. Aufgrund des Organverhältnisses hat der Geschäftsführer die gesellschaftsrechtlichen Rechte und Pflichten zu erfüllen, vor allem die Verpflichtungen, die Gesellschaft zu leiten, die Gesellschafterversammlung einzuberufen, im Bedarfsfall Insolvenzantrag zu stellen und so weiter. Typischerweise erlangt der Geschäftsführer die organschaftliche Stellung durch Bestellung durch die Gesellschafterversammlung. Die Organstellung endet durch Abberufung des Geschäftsführers mittels eines entsprechenden Gesellschafterbeschlusses oder durch Niederlegung des Amtes des Geschäftsführers durch diesen selbst.

Dienstverhältnis betrifft persönlichen Status

Neben dem Organverhältnis muss nicht zwingend ein Dienstverhältnis existieren, in der Praxis ist dies jedoch in der Regel der Fall. Das Dienstverhältnis regelt den persönlichen Status des Geschäftsführers. Dazu zählen Ansprüche auf Vergütung und Versorgung sowie seine dienstvertraglichen Pflichten, die sich mit den organschaftlichen Pflichten überwiegend decken können.

Trennung beider Rechtsverhältnisse

Beide Rechtsverhältnisse, das heißt das Dienst- und das Organverhältnis, sind gesondert hinsichtlich ihrer Begründung, Änderung und Beendigung zu betrachten. Das Dienstverhältnis kann gekündigt werden, ohne dass eine Abberufung und damit eine Beendigung der Organstellung erfolgen muss. Genauso kann eine Abberufung vorgenommen, auf eine Kündigung jedoch verzichtet oder diese vergessen werden. In der Praxis ist es daher immer wichtig, im Falle der Änderung oder Beendigung des einzelnen Rechtsverhältnisses auch den Bestand des anderen Rechtsverhältnis zu berücksichtigen, um dieses gegebenenfalls ebenfalls zu modifizieren. Hat also beispielsweise der Geschäftsführer bisher Alleinvertretungsbefugnis und soll er jedoch zukünftig nur noch gemeinsam mit einem weiteren Geschäftsführer oder Prokuristen die Gesellschaft vertreten dürfen, genügt es nicht, lediglich den Anstellungsvertrag anzupassen, vielmehr muss auch die organschaftliche Alleinvertretungsbefugnis geändert werden. Beruft die Gesellschafterversammlung den Geschäftsführer beispielsweise aus wichtigem Grund mit sofortiger Wirkung ab, so verliert dieser zwar dadurch seine Organstellung, nicht jedoch seine Ansprüche aus dem Dienstvertrag. Hier muss eine gesonderte Kündigung des Dienstvertrages aus wichtigem Grund erfolgen. Wird die Kündigung versäumt, insbesondere die hierfür maßgebliche Zwei-Wochen-Frist nicht eingehalten, ist gegebenenfalls eine sofortige Beendigung des Dienstvertrages nicht mehr möglich, mit der Folge, dass der Geschäftsführer auf Erfüllung seiner Vergütungsansprüche pochen kann.

# Muster eines GmbH-Geschäftsführervertrags

Zwischen

der Ernst Example GmbH, vertreten durch die Gesellschafterversammlung, bestehend aus den Gesellschaftern Ernst Example und Doris Duck,

- im Folgenden Gesellschaft genannt -

und

Herrn Dirk Direx, In den Managergärten 44, 13505 Berlin

- im Folgenden Geschäftsführer genannt -

wird in Ausführung des Beschlusses der Gesellschafterversammlung vom [Datum], mit dem Herr Dirk Direx zum Geschäftsführer der Gesellschaft bestellt wurde, nachfolgender Anstellungsvertrag abgeschlossen:

**§ 1**
**Grundlagen**

Beginn

(1) Herr Dirk Direx ist mit Wirkung ab dem [Datum] Geschäftsführer der Gesellschaft.

Schicksal des ruhenden Arbeitsverhältnisses

*Bei Bedarf, falls bisher ein Arbeitsverhältnis bestand:*
Das bestehende Arbeitsverhältnis wird einvernehmlich per [Datum] aufgehoben und durch diesen Anstellungsvertrag vollständig ersetzt.
*Oder alternativ:* Das bestehende Arbeitsverhältnis bleibt als ruhendes Arbeitsverhältnis bestehen. Es wird ab Beendigung des Geschäftsführer-Dienstverhältnisses als aktives Dienstverhältnis zu den bisherigen Konditionen fortgesetzt. Ist das für das Arbeitsverhältnis vereinbarte Grundgehalt nicht ohnehin aufgrund tarifvertraglicher Regelungen zu erhöhen, wird es unter Berücksichtigung der Entwicklung der allgemeinen Lebensverhältnisse sowie der Ertrags- und Umsatzentwicklung der Gesellschaft angepasst, wobei der Erhöhungsbetrag in das billige Ermessen der Gesellschaft gestellt wird.

Vorgaben für Leitungsaufgabe

(2) Der Geschäftsführer führt die Geschäfte der Gesellschaft in Übereinstimmung mit den gesetzlichen Bestimmungen, den Vorgaben des Gesellschaftsvertrags sowie den Vereinbarungen dieses Anstellungsvertrags.

## § 2
## Vertretungs- und Geschäftsführungsbefugnis

Vertretung

(1) Herr Dirk Direx ist alleinvertretungsberechtigt. Die Gesellschafterversammlung hat ihm diese Befugnis eingeräumt.

*Oder bei Bedarf:* Herr Dirk Direx ist gemeinsam mit einem weiteren Geschäftsführer (oder einem Prokuristen) zur Vertretung der Gesellschaft berechtigt.

Geschäftsführung

(2) Herr Dirk Direx ist auch einzeln zur Geschäftsführung in den ihm übertragenen Ressorts berechtigt und verpflichtet.

*Oder bei Bedarf:* Herr Dirk Direx trifft Geschäftsführungsmaßnahmen stets gemeinsam mit einem weiteren Geschäftsführer oder Prokuristen, sofern nicht eine von der Gesellschafterversammlung genehmigte Geschäftsordnung ihn für bestimmte Geschäfte einzeln zur Geschäftsführung berechtigt.

## § 3
## Ressorts und genehmigungspflichtige Geschäfte

Geschäftsbereiche

(1) Ist der Geschäftsführer einziger Geschäftsführer, so ist er für sämtliche Geschäftsbereiche (Ressorts) zuständig und verantwortlich. Die Gesellschafterversammlung kann dem Geschäftsführer im Fall der Bestellung weiterer Geschäftsführer einzelne Ressorts zuweisen, der Geschäftsführer ist auch bei der Ausübung seiner Ressortaufgaben an die Weisungen der Gesellschafterversammlung gebunden.

*Oder bei Bedarf:* Dem Geschäftsführer werden folgende Ressorts übertragen: Personal, Finanzen, Rechnungswesen, Einkauf, Vertrieb, Produktion, Organisation; technische Leitung bzw. kaufmännische Leitung [Festlegung im Einzelfall].

(2) Der Geschäftsführer benötigt für sämtliche Geschäfte, die über den gewöhnlichen Geschäftsbetrieb der Gesellschaft hinausgehen, die Genehmigung der Gesellschafterversammlung.

Zustimmungskatalog

(3) Insbesondere bedürfen folgende Rechtsgeschäfte der Zustimmung der Gesellschafterversammlung:

*(Zustimmungskatalog ist nach Bedarf festzulegen)*

1. Sämtliche Grundstücksgeschäfte, sowohl Verpflichtungs- als auch Erfüllungsgeschäfte, einschließlich der Belastung, der Veräußerung und des Erwerbs von Grundstücken,

2. Verträge mit einem Volumen, das einen Betrag von (bitte einsetzen) Euro übersteigt,
3. die Eingehung von Dauerschuldverhältnissen mit einer monatlichen Verpflichtung von mehr als (bitte einsetzen) Euro,
4. die Anstellung und Entlassung von Arbeitnehmern, mit Ausnahme von geringfügig oder kurzfristig beschäftigten Mitarbeitern,
5. die Einräumung von Sonderleistungen gegenüber Arbeitnehmern oder freien Mitarbeitern, durch die diesen Versorgungsleistungen, Tantiemen oder sonstige Ansprüche eingeräumt werden,
6. die Aufnahme von Krediten, die Eingehung von Wechselverbindlichkeiten und Bürgschaftsverpflichtungen,
7. die Gewährung und die Zusage von Krediten sowie die Einräumung von Sicherheiten aus dem Gesellschaftsvermögen für Dritte,
8. die Eröffnung und die Aufgabe von Filialen bzw. Zweigniederlassungen,
9. die Veräußerung und Verpachtung des Unternehmens bzw. des Betriebs oder von Betriebsteilen,
10. die Erteilung und der Widerruf von Prokura und Generalhandlungsvollmacht,
11. der Abschluss, die Aufhebung und die Änderung von Verträgen mit verschwägerten oder verwandten Personen eines Gesellschafters oder eines Geschäftsführers.

### § 4
### Abschluss von Geschäften mit sich selbst oder als Vertreter von Dritten
### *– bei Bedarf –*

Der Geschäftsführer ist von den Beschränkungen des § 181 BGB befreit. Verbot des § 181 BGB

### § 5
### Arbeitszeit

(1) Der Geschäftsführer stellt seine volle Arbeitskraft mit 40 Stunden wöchentlich zur Verfügung. Vollzeit

*Oder bei Bedarf:* Der Geschäftsführer ist lediglich nebenberuflich für die Gesellschaft mit einem Stundenkontingent von (bitte einsetzen) Stunden wöchentlich für die Gesellschaft tätig. Hierbei hat er die Erfüllung der ihm obliegenden Aufgaben zu gewährleisten und stets präsent zu sein, wenn dies im Unternehmensinteresse geboten ist. Teilzeit

Überstunden

Überstunden sind zu leisten, wenn es das Wohl der Gesellschaft erfordert. Sie werden nicht gesondert vergütet.

*Oder bei Bedarf:* Überstunden werden einem Arbeitszeitkonto gutgeschrieben. Das Arbeitszeitguthaben ist primär durch Freizeitgewährung an den Geschäftsführer abzubauen, wobei der Geschäftsführer im eigenen Ermessen mit Rücksicht auf das Wohl der Gesellschaft den Freizeitausgleich vornimmt, sofern dieser drei zusammenhängende Arbeitstage nicht übersteigt. Ein Freizeitausgleich von mehr als drei Tagen bzw. eine Abgeltung der Überstunden in Geld erfolgt auf Antrag des Geschäftsführers durch Beschluss der Gesellschafterversammlung. Pro Überstunde ist ein Betrag zu zahlen, der sich ergibt, wenn die zum Zeitpunkt des Beschlusses maßgebliche Jahresgrundvergütung durch 1.840 dividiert wird.

Gestaltung der Arbeitszeit

(2) Der Geschäftsführer ist in der Gestaltung der Arbeit, insbesondere der Arbeitszeit, frei. Er unterliegt insofern keinen Weisungen der Gesellschafterversammlung oder weiterer Geschäftsführer. Er hat das Wohl der Gesellschaft im Auge zu behalten.

*Oder bei Bedarf (Arbeitszeiten im Einzelfall):* Der Geschäftsführer hat die betriebsüblichen Arbeitszeiten einzuhalten. Er hat in der Regel von 9.00 Uhr bis 18.00 Uhr im Dienst zu sein. Sofern es die Situation erfordert, muss er auch zu anderen Zeiten sowie gegebenenfalls an Wochenenden und Feiertagen erreichbar sein.

## § 6
## Pflichten und Verantwortlichkeit des Geschäftsführers

Sorgfaltsmaßstab

(1) Der Geschäftsführer hat die Geschäfte der Gesellschaft mit der Sorgfalt eines ordentlichen Geschäftsmannes zu führen. Er wird seine gesamten Erfahrungen und Kenntnisse einbringen.

(2) Der Geschäftsführer nimmt die Rechte und Pflichten des Arbeitgebers sowohl in sozialversicherungs- und steuerrechtlicher als auch in arbeitsrechtlicher Hinsicht wahr.

Jahresabschluss und Geschäftsbericht

(3) Der Geschäftsführer hat innerhalb von drei Monaten nach Abschluss des Geschäftsjahres den Jahresabschluss (Bilanz sowie Gewinn- u. Verlustrechnung) für das abgelaufene Geschäftsjahr aufzustellen und mit einem von ihm anzufertigenden Geschäftsbericht jedem Gesellschafter zu übersenden.

(4) Der Geschäftsbericht enthält Angaben über den Geschäftsverlauf, insbesondere über die Umsatzentwicklung, den Auftragsbestand, die entstandenen Kosten sowie den Personalstand.

## § 6a

## Besondere Vereinbarungen zur Verantwortlichkeit des Geschäftsführers – bei Bedarf –

Regelungen zur Haftungsreduzierung

### Vereinbarung des Arbeitnehmerhaftungsprivilegs/Freizeichnungsklauseln

Die Verantwortlichkeit des Geschäftsführers gegenüber der GmbH richtet sich nach den vom Bundesarbeitsgericht entwickelten Grundsätzen der Arbeitnehmerhaftung in ihrer jeweils aktuellen Fassung.

*Oder:*

Ausschluss einfacher Fahrlässigkeit

Der Geschäftsführer haftet gegenüber der Gesellschaft nicht für Schäden, die nur auf einfacher Fahrlässigkeit beruhen.

Folgender Satz sollte ferner ergänzt werden, damit die Gefahr, dass die Regelung insgesamt unwirksam ist, minimiert wird:

Wurde der Anspruch zum Zwecke der Gläubigerbefriedigung zum Zeitpunkt seiner Entstehung benötigt, was bei einer Krise (gemäß 32 a I 1 GmbHG), Unterbilanz oder Insolvenzreife der Gesellschaft zu vermuten ist, bleibt es bezüglich der Verantwortlichkeit des Geschäftsführers bei der gesetzlichen Regelung. Dies gilt jedoch nicht, wenn und insoweit zum Zeitpunkt der Geltendmachung (= Zeitpunkt der letzten mündlichen Verhandlung) der Anspruch zur Befriedigung der Gläubiger nicht mehr erforderlich ist.

### Abweichende Beweislastverteilung

Beweislastverlagerung

Die GmbH hat im Fall der Geltendmachung von Schadensersatzansprüchen gegenüber dem Geschäftsführer alle Anspruchsvoraussetzungen einschließlich des Verschuldens darzulegen und zu beweisen.

### Vereinbarung einer Ausschlussfrist

Kurze Frist zur Geltendmachung

Ansprüche aus dem Geschäftsführervertrag und dem organschaftlichen Geschäftsführerverhältnis -gleich aus welchem Rechtsgrund- können nur binnen einer Frist von drei Monaten ab Kündigung des Geschäftsführervertrags geltend gemacht werden. Die Geltendmachung bedarf der Schriftform.

### Entlastung des Geschäftsführers

Entlastungsbeschluss

Der Geschäftsführer hat einen Anspruch darauf, dass einmal jährlich über seine Entlastung abgestimmt wird. Eine Verweigerung der Entlastung ist ihm schriftlich zu begründen. Dem Geschäftsführer ist es gestattet, sowohl auf die Fassung des Entlastungsbeschlusses zu klagen als auch eine Anfechtungs- bzw. Feststellungsklage mit dem Ziel zu erheben, die Nichtigkeit bzw. Fehlerhaftigkeit des die Entlastung versagenden Beschlusses feststellen zu lassen.

Versicherungsschutz

Vereinbarung einer D & O-Police (Directors & Officers-Police)
Der Geschäftsführer hat Anspruch auf den Abschluss einer D & O – Versicherung mit einer Selbstbeteiligung von maximal 5.000 € pro Versicherungsfall. Besteht der Versicherungsschutz nicht, so kann der Geschäftsführer im Innenverhältnis beanspruchen, haftungsrechtlich so gestellt zu werden, als bestünde ein Versicherungsvertrag auf der Grundlage der Versicherungsbedingungen, die als Anlage diesem Vertrag beigefügt sind (oder: die die Arbeitsgruppe des GDV erarbeitet hat).

## § 7
## Vergütung

Grundgehalt

(1) Der Geschäftsführer erhält eine Jahres-Grundvergütung in Höhe von (bitte einsetzen) Euro, die in monatlichen Teilbeträgen in Höhe von (bitte einsetzen) Euro jeweils zum 30. des Kalendermonats nach Abzug der gesetzlich vorgeschriebenen Abgaben ausbezahlt wird.

Tantieme

(2) Zuzüglich zur Grundvergütung erhält der Geschäftsführer folgende Gewinntantieme:
Eine variable Tantieme in Höhe von (bitte einsetzen) % des Jahresgewinnes der Gesellschaft, welche nach Feststellung des Jahresabschlusses durch die Gesellschafterversammlung festgesetzt und anschließend in zwölf gleichmäßigen Beträgen mit der monatlichen Vergütung ausbezahlt wird. Maximal beträgt die Tantieme ein Drittel der vereinbarten Grundvergütung.
Ausgangsgrundlage für die Berechnung der Gewinntantieme ist der festgestellte körperschaftsteuerpflichtige Gewinn der Gesellschaft (= Bemessungsgrundlage), wobei die für das betreffende Geschäftsjahr zu bildende Gewerbesteuerrückstellung bereits passiviert worden ist. Ergibt der spätere Steuerbescheid der Gesellschaft einen abweichenden Gewinn, so ist dieser für die Ermittlung der Bemessungsgrundlage maßgeblich, spätere Änderungen des Steuerbescheids, z. B. im Anschluss an Außenprüfungen, lassen die Bemessungsgrundlage hingegen unverändert.

(3) Dieser Betrag (Bemessungsgrundlage) erhöht sich um:
1. den Verlust, der durch die Bildung gewinnabhängiger Rückstellungen entstanden ist (ohne die das Geschäftsjahr betreffende Gewerbesteuerrückstellung),
2. den Verlust, der auf der Inanspruchnahme steuerrechtlicher Sonderabschreibungen und sonstiger steuerrechtlicher Präferenzen, die den Gewinn unmittelbar beeinflussen, beruht,
3. den Verlust, der durch nachteilige Geschäfte entstanden ist, die der Geschäftsführer auf Weisungsbeschluss der Gesellschafterversammlung ausführen musste, wobei der Geschäftsführer der Gesellschafterversammlung vor der Ausführung des Geschäfts anzuzeigen hat, dass er das Geschäft für nachteilig hält,
4. die im betreffenden Geschäftsjahr an ihn bzw. andere Geschäftsführer ausbezahlte(n) Gewinntantieme(n).
Die Bemessungsgrundlage verringert sich um:
1. Zuschüsse oder Subventionen, die den Gewinn erhöht haben,
2. etwaige Verlustvorträge, die aus Geschäftsjahren stammen, in denen der Geschäftsführer länger als sechs Monate als Geschäftsführer beschäftigt war,
3. Gewinne, die durch die Auflösung der gewinnabhängigen Rückstellungen, steuerrechtlichen Sonderposten und sonstiger steuerrechtlicher Positionen entstanden sind (mit Ausnahme der etwaigen Gewinne aus der Auflösung der für die laufende Gewerbesteuer zu bildenden Steuerrückstellungen),
4. Gewinne, die durch die Auflösung stiller Reserven entstanden sind.

(4) Hat das Dienstverhältnis im betreffenden Geschäftsjahr nicht während des gesamten Geschäftsjahres, sondern nur teilweise bestanden, so verringert sich die Tantieme im entsprechenden prozentualen Verhältnis, wobei angefangene Monate mitzuzählen sind. Im Falle der Beendigung des Dienstverhältnisses wird die Gewinntantieme einen Monat nach der Feststellung des Jahresgewinns, frühestens jedoch mit dem Ausscheiden des Geschäftsführers, in voller Höhe fällig.

**§ 8**
**Anpassung der Vergütung**
**– bei Bedarf –**

(1) Die Gesellschaft, vertreten durch die Gesellschafterversammlung, ist berechtigt, die Geschäftsführervergütung unter Beachtung des Gleichbehandlungs- Anpassung in der Krise

gebots nach billigem Ermessen herabzusetzen, wenn die Vermögens-, Finanz-, Ertrags- oder Liquiditätslage der Gesellschaft dies erfordert.

(2) Folgende Prozentsätze für eine Herabsetzung der Vergütung werden darüber hinaus bindend vereinbart:
Unterbilanz laut Status zu Buchwerten:
25 % der Jahresgrundvergütung
Überschuldung laut Status zu Buchwerten:
40 % der Jahresgrundvergütung
Verlust aus Jahresabschluss:
15 % der Jahresgrundvergütung
(sofern der Geschäftsführer während des gesamten Geschäftsjahres im Amt war).
Die Herabsetzung darf maximal bis auf 50 % der Jahresgrundvergütung erfolgen. Die Gründe berechtigen die GmbH jeweils nur zur einmaligen Herabsetzung, nach einer Rückgängigmachung der Herabsetzung können die Gründe erneut eingesetzt werden. Ein Anspruch des Geschäftsführers auf eine bereits verdiente, jedoch noch nicht ausbezahlte Gewinntantieme bleibt unberührt.

Verfahren

(3) Die Anpassung wird wirksam, wenn die Gesellschafterversammlung sie durch Mehrheitsbeschluss beschließt und dieses Ergebnis dem Geschäftsführer zugeht. Ist der betroffene Geschäftsführer gleichzeitig Gesellschafter, so ist er ebenfalls stimmberechtigt. Die Anpassung tritt zum 1. des Kalendermonats, der dem Zugang des Ergebnisses des Gesellschafterbeschlusses beim Geschäftsführer folgt, in Kraft.

Rückgängigmachung

(4) Sofern die Unterbilanz, Überschuldung oder der Verlust nachhaltig, das heißt seit mindestens sechs Kalendermonaten behoben sind, hat der Geschäftsführer für die Zukunft einen Anspruch auf Rücknahme der Herabsetzung. Dieses Recht übt der Geschäftsführer gegenüber der Gesellschafterversammlung aus, wobei ein weiterer Geschäftsführer oder ein – nicht mit dem Geschäftsführer identischer – Mehrheitsgesellschafter, hilfsweise der Mitgesellschafter mit der höchsten Beteiligung – empfangszuständig ist. Die Anpassung tritt zum 1. des Kalendermonats in Kraft, der dem Zugang folgt. Die Beweislast für die Voraussetzung der Rückgängigmachung der Vergütung trifft den Geschäftsführer, während der Gesellschaft die Beweislast für die Voraussetzungen der Herabsetzung obliegt.

(5) Das Grundgehalt ist jährlich an die Ertragsentwicklung der GmbH anzupassen. Die Anpassung erfolgt jeweils mit Wirkung zu Beginn eines Geschäftsjahres unter Berücksichtigung des Jahresergebnisses des abgelaufenen Geschäftsjahres. Ausgangswert für die Anpassung des Grundgehalts ist der Gewinn der GmbH, der in diesem Vertrag zum Zwecke der Bemessung der Gewinntantieme näher definiert ist (Bemessungsgrundlage). Von der Bemessungsgrundlage ist zunächst für das Kapital (Stammkapital + stille Beteiligungen) unabhängig davon, ob dies eingezahlt ist, ein Betrag in Höhe von 5 % des Nominalbetrags des Kapitals in Abzug zu bringen. Ist der verbleibende Betrag um 10 % höher als der entsprechend zu berechnende Betrag aus dem vorhergehenden Geschäftsjahr, so erhält der Geschäftsführer eine Gehaltserhöhung in Höhe von 5 % der aktuellen Jahresgrundvergütung maximal jedoch in Höhe von 10 % der Bemessungsgrundlage. Sobald die Gesellschafterversammlung den Jahresabschluss festgestellt hat, wird die Gehaltserhöhung zum Schluss des darauf folgenden Kalendermonats mit dem Gehalt umgesetzt, wobei der Betrag, der auf die bereits seit Beginn des Geschäftsjahres verstrichenen Kalendermonate entfällt, gleichfalls zur Zahlung fällig.

Erhöhung des Grundgehalts

## § 9
## Fortzahlung der Vergütung

Der Geschäftsführer hat einen Anspruch auf Fortzahlung der Vergütung für den Fall der unverschuldeten Krankheit oder der sonstigen unverschuldeten Verhinderung. In diesen Fällen werden die Bezüge (Grundvergütung) für die Dauer von 42 Kalendertagen nach Eintritt der Verhinderung fortbezahlt. Je Kalendertag der Verhinderung wird 1/30 der monatlichen Grundvergütung ausbezahlt. Etwaiges dem Geschäftsführer gewährtes Krankengeld, Krankentagegeld oder Krankenhaustagegeld sowie vergleichbare Lohnersatzleistungen werden auf den Anspruch des Geschäftsführers auf Entgeltfortzahlung angerechnet. Der Geschäftsführer tritt ferner schon jetzt Schadensersatzansprüche gegen Dritte ab, die er wegen des Ereignisses, das zur Verhinderung führte, möglicherweise haben wird. Im Falle des Todes wird die Vergütung -ebenfalls für 42 Tage- an die unterhaltsberechtigten Hinterbliebenen (Ehegattin, minderjährige oder in der Ausbildung befindliche Kinder) fortbezahlt. Der Geschäftsführer kann durch einfache schriftliche Erklärung gegenüber der Gesellschaft bestimmen, welche Personen diese Leistungen erhalten sollen.

Krankheit

## § 10
## Urlaub

Bemessung und Abgeltung

Der Geschäftsführer hat im Kalenderjahr 30 Arbeitstage Urlaub, wobei von einer 5-Tage-Woche auszugehen ist. War der Geschäftsführer nicht während des gesamten Kalenderjahres tätig, so stehen ihm für jeden vollen Kalendermonat 2,5 Urlaubstage zu. Der Geschäftsführer unterliegt hinsichtlich seiner Urlaubsplanung keinen Weisungen. Der Urlaub ist so zu nehmen, dass die Belange der Gesellschaft gewahrt bleiben. Nicht genommene Urlaubstage können in das nächste Kalenderjahr übertragen werden, wobei diese dann bis zum 30. September genommen werden müssen. Anschließend besteht nur noch ein Anspruch auf Urlaubsabgeltung, wobei pro Urlaubstag 1/20 der monatlichen Grundvergütung, die zum Zeitpunkt der Abgeltung vereinbart ist, zu entrichten ist. Der Geschäftsführer ist berechtigt, die Auszahlung selbst vorzunehmen, er hat jedoch der nächsten Gesellschafterversammlung eine Abrechnung vorzulegen. Bei der Beendigung des Dienstverhältnisses besteht ebenfalls ein Anspruch auf Urlaubsabgeltung in gleicher Höhe, falls die Gesellschaft nicht von der Möglichkeit der Freistellung vom Dienst gegen Verrechnung mit dem Urlaubsanspruch Gebrauch macht.

## § 11
## Geheimhaltung

Betriebs- und Geschäftsgeheimnisse

Der Geschäftsführer ist zur strikten Geheimhaltung der Betriebs- und Geschäftsgeheimnisse – auch nach seinem Ausscheiden- verpflichtet. Er wird auf die strafrechtlichen Folgen bei Verletzung des Geheimhaltungsgebots hingewiesen.

Extras

## § 12
## Sonderleistungen/Versicherungen/Versorgung
***– bei Bedarf–***

### Dienstwagen

Gestellung Kfz

Der Geschäftsführer hat Anspruch auf Benutzung eines der GmbH gehörigen bzw. von ihr geleasten oder gemieteten PKW der Mittelklasse (Benz C 180/BMW3/Audi A 4 [im Einzelfall festzulegen]). Die Nutzung für private Zwecke sowie für Fahrten zwischen Wohnung und Arbeitsstätte ist gestattet, wobei die Kosten für Schmier- und Kraftstoffe auch hier die Gesellschaft trägt. Den geldwerten Vorteil hat der Geschäftsführer zu versteuern. Er trägt die hierauf entfallenden Abzugsteuern. Im Falle des Bestehens bzw. des Eintritts einer Unterbilanz oder einer Überschuldung ist die Gesellschafterversammlung durch Beschluss berechtigt, dem Geschäftsführer diese Sonderleistung mit sofortiger Wirkung zu entziehen. Ist der betreffende Geschäftsführer selbst Gesellschafter, hat er Stimmrecht.

**Mobiltelefon**

Ferner erhält der Geschäftsführer ein Mobiltelefon mit Karte, das er auch privat nutzen darf, wobei der geldwerte Vorteil von ihm zu versteuern ist, sofern dieser steuerpflichtig ist. Telefon

**Direktversicherung**

Nach Ablauf der Probezeit schließt die GmbH auf das Leben des Geschäftsführers eine Direktversicherung ab (Kapitallebensversicherung mit Berufsunfähigkeitszusatzversicherung), für die Jahresprämien in Höhe von 1.752 € (Betrag anpassen) entrichtet werden. Eine Anrechnung auf die Vergütung des Geschäftsführers erfolgt nicht. Im Rahmen des jeweils geltenden Steuerrechts wird die Gesellschaft von der Möglichkeit der Pauschalversteuerung Gebrauch machen. Die Versicherungssumme wird im Erlebensfall mit Vollendung des 65. Lebensjahres, ansonsten mit dem Tod des Geschäftsführers zur Zahlung fällig. Der Geschäftsführer ist mit Wirkung gegenüber der Gesellschaft und dem Versicherer berechtigt, die Bezugsberechtigung für den Fall seines Todes zu bestimmen. Im Erlebensfall ist er selbst bezugsberechtigt. Die Unverfallbarkeit der Direktversicherung richtet sich nach den Vorschriften des Betriebsrentengesetzes. Direktversicherung

**Pensionszusage**

Nach Ablauf einer Dienstzeit von (bitte einsetzen) Jahren verhandeln die Parteien über die Erteilung einer Pensionszusage, die in einer gesonderten Versorgungsvereinbarung festgelegt wird. Betriebsrente

**Unfallversicherung**

Der Geschäftsführer wird gegen dienstliche und private Unfälle mit einer angemessenen Versicherungssumme versichert; der Arbeitgeber wird von der Möglichkeit der Pauschalversteuerung Gebrauch machen. Unfälle

**D & O-Police**

(siehe bereits die Regelung oben bei § 6 a)

**Top-Manager-Rechtsschutz**

Die Gesellschaft schließt für den Geschäftsführer eine Top-Manager-Rechtsschutzversicherung ab, die mindestens die Bausteine „Strafrechtsschutz" sowie „Vermögensschaden-Rechtsschutz" enthält. Rechtsschutz

## § 13
## Wettbewerbsverbot

Während des Dienstverhältnisses

(1) Der Geschäftsführer unterliegt während der Vertragsdauer einem Wettbewerbsverbot, das ihm verbietet, Tätigkeiten zu entfalten, durch die er sich mit dem Gesellschaftszweck und den Zielen der Gesellschaft in Widerspruch setzen würde. Hierzu gehört jede sonstige selbstständige, aber auch unselbstständige Konkurrenztätigkeit, einschließlich des unmittelbaren oder mittelbaren Erwerbs bzw. des Haltens von Beteiligungen an Konkurrenzunternehmen.

Vertragsstrafe

(2) Verstößt der Geschäftsführer gegen dieses Wettbewerbsverbot, so darf die Gesellschaft die Rechte aus § 61 HGB geltend machen. Ferner schuldet der Geschäftsführer eine Vertragsstrafe in Höhe eines Viertels der zum Zeitpunkt der Geltendmachung vereinbarten Jahres-Grundvergütung. Über die Geltendmachung der Rechte entscheidet die Gesellschafterversammlung, wobei der betreffende Geschäftsführer, sofern er Gesellschafter ist, kein Stimmrecht hat.

## § 14
## Nachvertragliches Wettbewerbsverbot
## – bei Bedarf –

Wettbewerbsverbot nach Ausscheiden

(1) Ein nachvertragliches Wettbewerbsverbot wird gesondert vereinbart, sofern die Gesellschaft dies verlangt, wobei das Verlangen mindestens zwölf Monate vor Ausspruch einer Kündigung seitens der Gesellschaft erfolgen muss. Kommt keine Einigung zustande, so gelten die Vorschriften für den Handlungsgehilfen analog, falls die Gesellschaft sich auf ein Wettbewerbsverbot bis zur Beendigung des Dienstverhältnisses beruft.

Vertragsstrafe

(2) Für jeden Verstoß gegen das nachvertragliche Wettbewerbsverbot schuldet der Geschäftsführer eine Vertragsstrafe in Höhe eines Viertels der zuletzt bezogenen Jahresvergütung. Dauerverstöße werden für jeden angefangenen Monat der Zuwiderhandlung als ein erneuter Verstoß gerechnet. Ferner besteht für die Zeit des Verstoßes kein Anspruch auf die Karenzentschädigung. Ansprüche auf Schadensersatz bleiben unberührt, der Gesellschaft stehen die Rechte aus § 61 HGB analog zu.

## § 15
## Erfindungen/Rechte an Software
## -bei Bedarf-

(1) Der Geschäftsführer hat Erfindungen, die er innerhalb oder außerhalb seiner Diensttätigkeit macht, unverzüglich der GmbH zu melden. Die GmbH darf sodann innerhalb von vier Monaten nach der Meldung entscheiden, ob und in welchem Umfang sie Rechte an der Erfindung für sich beansprucht bzw. auf sich überleitet. Der Geschäftsführer ist zu allen Maßnahmen verpflichtet, um der Gesellschaft die geltend gemachten Rechte zu verschaffen. Die weiteren Einzelheiten richten sich nach den Vorschriften des Arbeitnehmererfindungsgesetzes. Nutzt die Gesellschaft nach Beendigung des Dienstverhältnisses die Erfindung, ohne dass eine Überleitung auf die Gesellschaft gegen Vergütung stattfand, hat sie dem Geschäftsführer eine angemessene marktübliche Lizenzgebühr zu zahlen, deren Höhe im Zweifel in das billige Ermessen der Gesellschaft gestellt ist. Sie hat auf Verlangen des Geschäftsführers die weitere Nutzung nach Beendigung des Dienstverhältnisses zu unterlassen.

Rechte stehen GmbH zu

(2) Für die Rechte an Computerprogrammen gilt § 69 b Urhebergesetz in seiner jeweiligen Fassung. Damit erhält die Gesellschaft an sämtlichen Computerprogrammen, mit deren Erstellung bzw. Überarbeitung der Geschäftsführer betraut ist, sämtliche Urheberrechte. Der Name des Geschäftsführers wird bei der Vermarktung der Software nicht genannt.

## § 16
## Kündigung und Beendigung

(1) Der Anstellungsvertrag wird auf unbestimmte Dauer geschlossen. Das Recht zur ordentlichen Kündigung besteht, erstmals jedoch zum (Datum einfügen). Die Kündigung ist mit einer Frist von drei Monaten zum Schluss des Kalenderjahres möglich. Im Falle des Bestehens bzw. des Eintritts einer Unterbilanz oder einer Überschuldung ist die Kündigung auch vorzeitig innerhalb einer Frist von 14 Tagen zum Schluss eines Kalendermonats statthaft. Gelten zwingend längere gesetzliche Mindestkündigungsfristen, so sind diese vorrangig. Die Kündigung bedarf der Schriftform. Empfangszuständig auf Seiten der Gesellschaft ist jeder Mitgeschäftsführer. Fehlt ein solcher, so ist die Kündigung an den Gesellschafter mit der höchsten Beteiligung zu richten. Bei gleich hoher Beteiligung mehrerer Gesellschafter ist die Kündigung an einen Gesellschafter nach Wahl des Geschäftsführers zu richten. Ist der Kündigende selbst

Frist und Verfahren

Gesellschafter, muss die Kündigung beim Fehlen eines Mitgeschäftsführers nach den vorgenannten Grundsätzen an den entsprechenden Mitgesellschafter gerichtet werden. Der Alleingesellschafter-Geschäftsführer ist selbst empfangszuständig.

Freistellung

(2) Im Falle der Kündigung ist die Gesellschaft – unabhängig davon, welche Seite gekündigt hat -, berechtigt, den Geschäftsführer unter Anrechnung etwaiger offener Urlaubsansprüche bis zum Ablauf der Kündigungsfrist von jeglicher Verpflichtung zur Dienstleistung freizustellen. Ferner darf sie dem Geschäftsführer ein Hausverbot erteilen.

Kopplungsklausel

(3) Im Falle des Widerrufs der Geschäftsführerbestellung aus wichtigem Grund endet das Anstellungsverhältnis mit sofortiger Wirkung.

**§ 17**

**Pflichten bei Beendigung**

Herausgabepflicht

Nach Beendigung des Anstellungsvertrags oder nach erfolgter Freistellung hat der Geschäftsführer sämtliche ihm überlassene Unterlagen und Gegenstände der Gesellschaft, so auch die Schlüssel, Aufzeichnungen und Dokumente jeder Art, einschließlich sämtlicher Kopien, unverzüglich der Gesellschaft zu übergeben und auf Verlangen der Gesellschaft die Vollständigkeit schriftlich zu bestätigen. Ein Zurückbehaltungsrecht steht dem Geschäftsführer gegenüber der Gesellschaft an diesen Gegenständen nicht zu.

**§ 18**

**Schlussbestimmungen**

Ist eine dieser Vertragsbestimmungen unwirksam oder unvollständig, so bleibt der Vertrag im übrigen wirksam. Anstelle der unwirksamen Regelung tritt jene, die von den Parteien vereinbart worden wäre, wenn sie den Punkt bedacht hätten.

Änderungen des Vertrags bedürfen der Schriftform sowie der Zustimmung durch einen Beschluss der Gesellschafterversammlung.

(Datum/Unterschriften/Gesellschafter) (Datum/Unterschrift/Geschäftsführer)

# Wie gestalte ich den Vertrag?

## Was geschieht mit meinem bisherigen Arbeitsverhältnis?

### Einstieg in die Geschäftsführung mit Risiko?

Andrew Anteportas war bisher als leitender Angestellter für Personalfragen zuständig. Jetzt soll er in die Geschäftsführung aufsteigen und die Ressorts Personal und Organisation verantworten. Andrew fragt, ob – wenn er sich als Geschäftsführer nicht bewährt – er anschließend beanspruchen kann, wieder als Arbeitnehmer eingesetzt zu werden oder ob sein Arbeitsverhältnis aufgehoben ist.

Vom Arbeitnehmer zum Geschäftsführer und zurück?

Wird ein bisheriger Arbeitnehmer der GmbH zum Geschäftsführer bestellt, muss bzw. sollte unbedingt geregelt werden (siehe § 1 des Musters), was mit dem bisherigen Arbeitsverhältnis geschieht. Es kann aufgehoben oder als ruhendes Arbeitsverhältnis fortgesetzt werden. Treffen die Parteien keine Regelung, so ist es äußerst problematisch, was bei der Beendigung des Geschäftsführerverhältnisses gilt. Der Geschäftsführer, der die Fortbeschäftigung als Arbeitnehmer nach dem Ausscheiden aus der Position des Geschäftsführers gegen den Willen der Gesellschaft erreichen will, könnte versuchen, dies über eine entsprechende Klage beim Arbeitsgericht durchzusetzen. Die arbeitsgerichtliche Rechtsprechung ist allerdings sehr zurückhaltend mit der Annahme eines ruhenden Arbeitsverhältnisses, wenn keine entsprechende Vereinbarung der Parteien vorliegt (siehe BAG, DB 1994, 287, BAG, GmbHR 2000, 1092). Offen ist allerdings, wie sich der Umstand auswirkt, dass Beendigungen des Arbeitsverhältnisses schriftlich zu erfolgen haben (§ 623 BGB). Diese seit dem 01.05.2000 geltende Vorschrift könnte dem Geschäftsführer helfen: Ist nämlich das Arbeitsverhältnis beim Abschluss des Geschäftsführer-Dienstvertrages nicht schriftlich gekündigt worden, so hat der Geschäftsführer die Chance, sich auf einen Fortbestand des Arbeitsverhältnisses allein wegen des Formmangels erfolgreich zu berufen. Die Rechtslage ist jedoch mangels entsprechender höchstrichterlicher Rechtsprechung noch völlig offen.

Experten-Tipp

### Auf Sicherheit bestehen

Bestehen Sie als angehender Geschäftsführer darauf, dass wegen Ihres bisherigen Arbeitsverhältnisses eine Vereinbarung mit Ihrem Arbeitgeber getroffen wird, wonach das Arbeitsverhältnis während der Dauer Ihrer Geschäftsführertätigkeit ruht und ggf. nach Beendigung Ihrer Geschäftsführertätigkeit zu bisherigen Bedingungen wieder auflebt.

Zuständigkeit für Abschluss

Der Anstellungsvertrag ist ein Dienstvertrag, der zwischen der Gesellschaft und dem Geschäftsführer abgeschlossen wird. Die Gesellschaft wird hierbei durch die Gesellschafterversammlung oder gegebenenfalls durch den Aufsichtsrat vertreten.

Experten-Tipp

### Auf Einhaltung der Zuständigkeit achten

Achten Sie unbedingt darauf, dass die Zuständigkeit eingehalten und der Anstellungsvertrag von der Gesellschafterversammlung abgeschlossen wird. Ein Geschäftsführervertrag, der von einem Mitgeschäftsführer oder von einem Gesellschafter ohne entsprechenden Beschluss der Gesellschafterversammlung unterschrieben wird, ist grundsätzlich nicht wirksam zustande gekommen. Wird er allerdings dennoch praktiziert, das heißt umgesetzt, wird er als so genannter fehlerhafter Anstellungsvertrag so lange als wirksam behandelt, bis sich eine Vertragspartei auf die Unwirksamkeit beruft. Hat der Geschäftsführer beispielsweise eine Befristung ausgehandelt, wäre diese wegen der Fehlerhaftigkeit und der damit verbundenen Möglichkeit der Beendigung des Vertrages hinfällig.

## Wie ist als Geschäftsführer meine Geschäftsführungs- und Vertretungsbefugnis geregelt?

Festlegung der Leitungsmacht

Eine Regelung der Vertretungs- und Geschäftsführungsbefugnis im Anstellungsvertrag ist klarstellender Natur. Bereits durch den Bestellungsbeschluss der Gesellschafterversammlung wird festgelegt, ob der Geschäftsführer allein- oder gesamtvertretungsberechtigt ist. Ist keine Regelung getroffen worden, so ordnet das Gesetz Gesamtvertretung an. In der Praxis üblich ist entweder die Alleinvertretungsberechtigung oder die Gesamtvertretungsberechtigung von zwei Geschäftsführern bzw. von einem Geschäftsführer in Verbindung mit einem Prokuristen.

Die Vertretungsbefugnis meint das rechtliche Können im Außenverhältnis, es regelt die Frage, ob und in welchem Umfang die Gesellschaft rechtsgeschäftlich berechtigt und verpflichtet werden kann. Hiervon zu trennen ist die Geschäftsführung. Darunter versteht man im engeren Sinne das so genannte Dürfen im Innenverhältnis, also die Befugnisse des Geschäftsführers gegenüber der Gesellschaft, Entscheidungen in bestimmten Geschäftsbereichen zu treffen.

Die Vertretungsbefugnis ist in der erteilten Form als Allein- oder Gesamtvertretungsbefugnis im Außenverhältnis unbeschränkt und unbeschränkbar, während die Geschäftsführungsbefugnis individuell durch Beschluss der Gesellschaftsversammlung bzw. durch Bestimmung in der Satzung festgelegt werden kann. Auch der Anstellungsvertrag kann Restriktionen enthalten, die dann ebenfalls vom Willen der Gesellschafterversammlung getragen werden, da diese ja dem Abschluss des Anstellungsvertrages zustimmen muss. Zur Vertretungs- und Geschäftsführungsbefugnis, insbesondere zur Befreiung vom Verbot des § 181 BGB, siehe bereits oben bei Teil II die Frage: „Wie regele ich die Vertretung und Geschäftsführung der Gesellschaft“?

## Wie wird mein Aufgabenbereich bestimmt bzw. eingegrenzt?

Ressorts

Dem Geschäftsführer können im Dienstvertrag, per Beschluss der Gesellschafterversammlung oder durch eine Geschäftsordnung Ressorts übertragen werden. Gibt es lediglich einen Geschäftsführer, so ist er allzuständig und verantwortet sämtliche Ressorts. Selbstverständlich kommt eine Delegation auf nachgeordnete Mitarbeiter in Betracht. Die Organverantwortlichkeit bleibt jedoch stets beim Geschäftsführer. Dieser hat die nachgeordneten Mitarbeiter auszusuchen, zu kontrollieren und anzuweisen.

Experten-Tipp

**Ressorts in Anstellungsvertrag aufnehmen**

Achten Sie als Geschäftsführer darauf, dass die Ressorts, deren Zuständigkeit vereinbart ist, auch tatsächlich im Anstellungsvertrag aufgenommen werden, damit Sie nicht für Fehlentscheidungen, die in anderen Ressorts getroffen werden, ohne weiteres verantwortlich gemacht werden können. Sind mehrere Geschäftsführer vorhanden, gilt zwar der Grundsatz der Gesamtverantwortung, das heißt alle Geschäftsführer verantworten die Entscheidungen gemeinsam, die sie für die Gesellschaft treffen. Durch die Schaffung von Ressorts entsteht jedoch eine so genannte Ressortverantwortung, d. h. primär ist der jeweilige Geschäftsführer für die ordnungsgemäße Wahrnehmung der Aufgaben in seinem Geschäftsbereich verantwortlich. Die anderen Geschäftsführer haben lediglich eine Überwachungsverantwortung, d. h. sie müssen prüfen, ob das Ressort ordentlich geführt wird. Hierzu sind Stichproben durchzuführen. Besteht z. B. durch Beschwerden von Kunden oder Mitarbeitern Anlass zur Annahme, dass Unregelmäßigkeiten aufgetreten sind, muss dem nachgegangen werden. In Krisensituationen muss sich jeder Geschäftsführer verstärkt um die Finanz- und Liquiditätssituation der Gesellschaft kümmern und im Auge behalten, ob gegebenenfalls schon Insolvenzreife eingetreten ist. ◂

Zustimmungskatalog

Häufig enthalten Geschäftsführerverträge einen Zustimmungskatalog, der je nach den Bedürfnissen des Einzelfalls ausgestaltet wird. Der in § 3 Abs. 2 des Mustervertrags vorgeschlagene Zustimmungskatalog ist daher in jedem Fall anzupassen. Ein derartiger ausführlicher Zustimmungskatalog kommt nur dann in Betracht, wenn der Geschäftsführer im Verhältnis zur Gesellschafterversammlung „an der kurzen Leine“ geführt werden soll.

## Darf ich als Geschäftsführer Geschäfte mit mir selbst oder als Vertreter von Dritten abschließen?

Insichgeschäfte und Drittvertretung

Die Gesellschafterversammlung hat die Möglichkeit, den Geschäftsführer von den Beschränkungen des § 181 BGB zu befreien (siehe zu den Voraussetzungen im einzelnen: *Jula*, Der Status des GmbH-Geschäftsführers, S. 59 ff. sowie oben die Frage im Teil II „Wie regele ich die Vertretung und Geschäftsführung der Gesellschaft?“). Dies bedeutet, dass der Geschäftsführer nunmehr auch mit sich selbst oder gleichzeitig als Vertreter eines Dritten Geschäfte mit der GmbH tätigen kann. Er könnte beispielsweise einen der GmbH gehörigen Dienstwagen an sich selbst verkaufen, indem er das Kaufvertragsformular sowohl für die GmbH als auch für seine eigene Person unterzeichnet. Ein Fall der Drittvertretung, der ebenfalls gestattet werden kann, läge vor, wenn der Geschäftsführer das Dienstfahrzeug nicht für sich selbst, sondern etwa für seine Ehefrau kauft und für diese sogleich die entsprechende Erklärung auf dem Kaufvertragsformular abgibt.

## Wie ist meine Arbeitszeit geregelt?

Voller Einsatz wird geschuldet

Der Geschäftsführer schuldet grundsätzlich seine volle Arbeitskraft, sofern nicht eine nebenberufliche oder ehrenamtliche Tätigkeit vereinbart wurde.

Überstunden

Überstunden werden nur dann vergütet, wenn dies gesondert vereinbart ist. Ansonsten wird vom Geschäftsführer die Erbringung von Überstunden erwartet. Den Parteien steht es aber ohne weiteres frei zu vereinbaren, dass Überstunden gesondert vergütet werden. Auch die Arbeitszeit kann im Einzelnen reglementiert werden. In der Praxis ist aber die freie Einteilung der Arbeitszeit üblich. Erwähnenswert ist ferner, dass der Geschäftsführer nicht in den Genuss von steuerfreien Überstundenzuschlägen kommen kann, wie dies beim Arbeitnehmer gegebenenfalls der Fall ist. Gleiches gilt für die Steuerfreiheit von Zuschlägen für Sonntags- oder Feiertagsarbeit (siehe BFH, GmbHR 1997, 711, siehe auch BMF, BStBl. I 1998, 1194).

## Was kann ich tun, um meine strenge Haftung gegenüber der GmbH abzumildern?

Klauseln zur Minimierung

Der Geschäftsführer haftet für alle Schäden am Gesellschaftsvermögen, die durch sein schuldhaftes und pflichtwidriges Handeln verursacht worden sind (§ 43 GmbHG). Der Geschäftsführer ist natürlich daran interessiert, diese weitreichende Haftung einzuschränken. Hierzu werden Vereinbarungen zur Minimierung der Haftung im Mustervertrag im gesonderten Passus § 6a vorgeschlagen. Sie sind nur im Einzelfall gegenüber der Gesellschaft durchsetzbar. Der Geschäftsführer sollte sich überlegen, ob er entweder darauf drängt, dass zu seinen Gunsten eine Geschäftsführer-Haftpflichtversicherung abgeschlossen oder aber dass eine Haftungsprivilegierung, etwa der Ausschluss von einfacher Fahrlässigkeit, vereinbart wird (siehe zu den Einzelheiten sowie zur Frage, inwieweit derartige Regelungen wirksam sind: *Jula*, Geschäftsführerhaftung gemäß § 43 GmbHG: Minimierung der Risiken durch Regelungen im Anstellungsvertrag?, GmbHR 2001, 806 ff.). Die Haftungsprivilegierung kann durch eine für den Geschäftsführer günstige Beweislastverteilung sowie die Vereinbarung einer Ausschlussfrist zusätzlich flankiert werden. Ebenfalls denkbar wäre die Vereinbarung einer Regelung, wonach einmal jährlich dem Geschäftsführer Entlastung zu erteilen ist, worauf der Geschäftsführer sonst keinen Anspruch hat (siehe BGHZ 94, 324, 326).

D & O-Police

Die Regelung über die D & O-Police (Directors and Officers Liability-Police = Vermögensschaden-Haftpflicht-Police für Geschäftsführer und Aufsichtsräte) berücksichtigt auch den Fall, dass möglicherweise der Versicherungsvertrag von der Versicherungsgesellschaft oder von der GmbH nicht fortgesetzt wird. Dann kann der Geschäftsführer beanspruchen, so gestellt zu werden, wie wenn der vereinbarte Versicherungsschutz bestünde. Wichtig ist, dass auf bestimmte Versicherungsbedingungen, etwa die Musterbedingungen des Gesamtverbandes der Versicherungswirtschaft (GDV) oder einer bestimmten Versicherungsgesellschaft, verwiesen wird, damit sich feststellen lässt, wie die versicherungsrechtliche Situation bei bestehendem Versicherungsschutz tatsächlich gewesen wäre.

Experten-Tipp

**Regelungen zur Haftungsminimierung**

Wenn Ihnen der Entwurf eines Geschäftsführer-Dienstvertrags vorgelegt wird, achten Sie darauf, dass Regelungen zur Haftungsminimierung darin aufgenommen sind. Sofern die Gesellschaft sich hierauf nicht einlässt, sollten Sie wenigstens auf dem Abschluss einer Geschäftsführer-Haftpflichtversicherung bestehen.

## Was habe ich beim Aushandeln der Vergütung zu beachten?

Orientierung

Die Vergütung muss im Einzelfall ausgehandelt werden. Hier ermöglichen Gehaltsstrukturuntersuchungen, z. B. der Kienbaum Vergütungsberatung (Postfach 100552, 51605 Gummersbach) oder der BBE (Postfach 250425,

50520 Köln), eine Orientierung. Der Geschäftsführer sollte sich im Vorfeld gründlich über die übliche Vergütung informieren, bevor er in Vertragsverhandlungen eintritt. Beim Gesellschafter-Geschäftsführer ist stets die Gefahr einer verdeckten Gewinnausschüttung zu berücksichtigen. Die Gesamtausstattung des Geschäftsführers einschließlich der Vergütung muss angemessen sein. Die Vergütung muss einem internen und externen Vergleich stand halten. Das heißt, im Verhältnis sowohl zu den Mitgeschäftsführern als auch zu Geschäftsführern anderer Gesellschaften darf keine unangemessene Überhöhung bestehen. Hinzuweisen ist auf Schreiben der Finanzverwaltung, die Einzelheiten festlegen (siehe Bundesminister der Finanzen, Schreiben vom 14.10.2002, Bundessteuerblatt 2002, I, 972; Oberfinanzdirektion Karlsruhe, Schreiben vom 17.04.2001, S. 2742 A- St 331).

Tantieme und verdeckte Gewinnausschüttung

Auch bei der Formulierung der Gewinntantieme ist darauf zu achten, dass die Gefahr einer verdeckten Gewinnausschüttung durch die Begrenzung derselben ausgeräumt wird. Unter anderem darf die Tantieme ein Drittel der vereinbarten Grundvergütung nicht übersteigen, sie muss im Voraus prozentual festgelegt sein, insgesamt dürfen an alle Geschäftsführer zusammen nicht mehr als 50 % des Gewinns als Tantieme ausgeschüttet werden. Bei der Bestimmung der Bemessungsgrundlage für die Tantieme ist besondere Sorgfalt zu verwenden, hier darf es möglichst keine Auslegungsschwierigkeiten geben, auch bietet es sich an, periodenfremde Gewinne und Verluste zu eliminieren.

## Ist eine Regelung zur Anpassung der Vergütung sinnvoll?

Eine Regelung zur Anpassung der Vergütung stellt sicher, dass sowohl in der Krise eine Reduzierung derselben als auch eine angemessene Erhöhung des Gehalts in der Zukunft möglich ist (siehe § 8 des Mustervertrags).

Anpassung in der Krise

Nach der Rechtsprechung des Bundesgerichtshofs ist der Geschäftsführer ohnehin verpflichtet, einer angemessenen Herabsetzung seiner Vergütung in der Krise zuzustimmen. Die Klausel enthält insofern eine Klarstellung. Die Vereinbarung fester Prozentsätze kann sich zur Vermeidung von Streitigkeiten hinsichtlich der Höhe des festzusetzenden Minderungsbetrags anbieten. Empfehlenswert ist in diesem Zusammenhang auch die Vereinbarung von Voraussetzungen, unter denen die Gehaltskürzung wieder rückgängig gemacht werden kann.

Erhöhung der Vergütung

Empfehlenswert ist schließlich eine Regelung im Anstellungsvertrag über die Anpassung der Vergütung an die Ertragsentwicklung in der GmbH. Die Mustersatzung enthält in § 8 Abs. 6 einen entsprechenden Vorschlag. Es ist unbedingt zu prüfen, ob diese Klausel je nach der Ertragslage der GmbH überhaupt die Gewähr dafür bietet, dass eine angemessene Erhöhung stattfindet. Die hier vorgeschlagene Klausel berücksichtigt zunächst das Interesse der Gesellschafter an einer angemessenen Verzinsung ihres eingebrachten Kapitals. Erst wenn sich danach eine Erhöhung des Gewinns um mindestens 10 % ergibt, erhält der Geschäftsführer überhaupt eine Gehaltserhöhung, nach der hier zugrunde gelegten Klausel in Höhe von 5 % seines letzten Grundgehalts begrenzt auf einen Teil des Jahresgewinns.

## Habe ich einen Anspruch auf Fortzahlung der Vergütung auch im Krankheitsfall?

Grundlagen

Eine Regelung zur Fortzahlung der Vergütung gehört in jeden Anstellungsvertrag, da das Gesetz keine Regelung bereithält, die die Details regelt. Zwar gilt das Entgeltfortzahlungsgesetz als typisches Arbeitnehmerschutzgesetz für den Geschäftsführer nicht unmittelbar, jedoch kann auch der Geschäftsführer im Krankheitsfall Fortzahlung seiner Vergütung verlangen. Anwendbar ist § 616 BGB: Danach behält der Dienstverpflichtete seinen Vergütungsanspruch, wenn er ohne sein Verschulden für eine verhältnismäßig kurze Zeit an der Erbringung seiner Dienste gehindert wird. Diese auslegungsbedürftige Regelung sollte durch eine Klausel im Anstellungsvertrag präzisiert werden.

Experten-Tipp

**Fortzahlung und Krankentagegeld**

Bitte achten Sie darauf, dass Ihr Anspruch auf Fortzahlung Ihres Geschäftsführergehalts mit einer entsprechenden Krankentagegeldversicherung harmonisiert ist. Haben Sie beispielsweise Krankentagegeld ab dem 43. Tag der Arbeitsunfähigkeit vereinbart, sollten Sie darauf achten, dass Sie bis dahin Anspruch auf Entgeltfortzahlung haben. Üblich sind auch Regelungen im Anstellungsvertrag, wonach die Gesellschaft für einen gewissen Zeitraum die Differenz erstattet, die das Krankentagegeld hinter dem Geschäftsführergrundgehalt zurückbleibt.

## Habe ich Anspruch auf Urlaub?

Detaillierte Regelung ratsam

Eine Regelung des Urlaubs sollte unbedingt im Anstellungsvertrag erfolgen, da das Bundesurlaubsgesetz nicht unmittelbar für den Geschäftsführer gilt. Neben der Vereinbarung der Anzahl der Urlaubstage ist die Möglichkeit der Urlaubsabgeltung, das heißt der Auszahlung des Urlaubs in Geld, detailliert zu regeln, da hier ein erhebliches Streitpotential „schlummert". Nimmt der Geschäftsführer eigenmächtig, das heißt ohne Beschluss der Gesellschafterversammlung, Auszahlungen für nicht genommenen Urlaub an sich vor, so kann dies nicht nur eine Rückforderung derartiger Zahlungen seitens der Gesellschaft, sondern auch eine Kündigung des Anstellungsvertrages aus wichtigem Grund nach sich ziehen (siehe OLG, NZG 2000, 377).

## Was geschieht, wenn ich Geschäfts- und Betriebsgeheimnisse offenbare oder verwerte?

Strafbarkeit

Die Pflicht des Geschäftsführers zur strikten Geheimhaltung ist bereits in § 85 GmbHG verankert. Danach stellt es eine Straftat dar, wenn der Geschäftsführer Betriebs- und Geschäftsgeheimnisse offenbart. Gleiches gilt für das Verwerten derartiger Geheimnisse.

Praxis-Beispiel

**Rezept für Eiskrem**

Dem Geschäftsführer ist es daher bei Strafe untersagt, beispielsweise ein geheim gehaltenes Rezept für exzellente Eiskrem nach seinem Ausscheiden für seine eigenen Zwecke zu verwerten oder Dritten preiszugeben.

## Welche Sonderleistungen können in dem Geschäftsführer-Dienstvertrag geregelt werden?

Jeder Geschäftsführer ist an „Extras" interessiert. Die Regelung in § 12 des Mustervertrags ist je an die Bedürfnisse des Einzelfalls anzupassen.

### Dienstwagen

Stellung eines Dienstwagens

Die Vereinbarung über die Stellung eines Dienstwagens sollte möglichst präzise gefasst sein. Neben der Aufnahme des Typs bzw. der Klasse des Fahrzeugs ist zu regeln, ob ein Recht zur privaten Nutzung des Dienstwagens besteht. Ferner können Vereinbarungen für den Fall von Verkehrsunfällen sowie für die Abwicklung bei Beendigung des Dienstverhältnisses getroffen werden. Insbesondere größere Unternehmen verfügen über eine so genannte Dienstwagenordnung, in der die Details geregelt sind. Diese oft umfangreichen Ordnungen können hier aus Platzgründen nicht dargestellt werden.

### Mobiltelefon

Nutzung des Mobiltelefons

Die Regelung über die Nutzung des Mobiltelefons in dem Mustervertrag dient der Klarstellung.

### Direktversicherung/Pensionszusage

Leistungen der betrieblichen Altersversorgung

Direktversicherungen und Pensionszusagen sind wichtige Durchführungswege der betrieblichen Altersversorgung. Die betriebliche Altersversorgung wird in der Praxis häufig in gesonderten Versorgungsvereinbarungen, die sehr umfangreich und detailliert sind, geregelt. Dies betrifft insbesondere die hier ebenfalls angesprochene Pensionszusage, aufgrund derer dem Geschäftsführer ein Ruhegehalt im Alter und gegebenenfalls ergänzend eine Berufsunfähigkeitsrente und Leistungen für Hinterbliebene im Fall des Todes des Geschäftsführers zugesagt werden. Bei der Vereinbarung von Pensionszusagen sind steuerrechtliche Rahmenbedingungen, insolvenzrechtliche Auswirkungen sowie die Vorschriften des Betriebsrentengesetzes zu berücksichtigen.

Bei der Direktversicherung ist die GmbH Versicherungsnehmerin. Diese schließt auf das Leben des Geschäftsführers eine Lebensversicherung ab, gegebenenfalls in Kombination mit einer Berufsunfähigkeits-Zusatzversicherung, und räumt dem Geschäftsführer das widerrufliche oder auch unwiderrufliche Bezugsrecht auf die Leistungen im Erlebensfall ein. Für den Fall des Todes ist häufig der Ehegatte bzw. Lebenspartner bezugsberechtigt. Aufgrund des Bezugsrechts des Geschäftsführers stehen dem Geschäftsführer die Leistungen aus dem Versicherungsvertrag zu, weshalb die gezahlten Prämien bei ihm als steuerpflichtiger Vorteil behandelt werden. Bei der Direktversicherung gibt es die Möglichkeit der pauschalen Versteuerung durch die GmbH, sofern der Betrag der für die Direktversicherung zu entrichtenden Jahresprämien 1.752 € (Stand 2003) nicht überschreitet. Werden an mehrere Personen Direktversicherungszusagen erteilt, so kann im Einzelfall der Betrag sogar 2.148 € erreichen, wenn insgesamt im Durchschnitt pro Mitarbeiter nicht mehr als der genannte Betrag von 1.752 € als Versicherungsprämien entrichtet werden.

Direktversicherung

### D & O-Police/Top-Manager-Rechtsschutz

Aufgrund der erheblichen Haftungsrisiken, die mit der Geschäftsführertätigkeit verbunden sind, muss der Abschluss einer Geschäftsführer-Vermögensschadenhaftpflichtversicherung (D & O-Police) geprüft werden. Nicht für jede Branche bzw. jedes Unternehmen wird derartiger Versicherungsschutz angeboten, auch sind die Prämien erheblich. In der Praxis werden D & O-Policen sowohl für die Geschäftsführer als auch für die Aufsichtsräte und die leitenden Angestellten angeboten. Je nach Bedarf des Einzelfalls könnte vereinbart werden, dass der Geschäftsführer einen angemessenen Selbstbehalt (also eine Selbstbeteiligung) trägt. Weitere Einzelheiten dieser D & O-Police wurden bereits oben bei den haftungsbeschränkenden Vereinbarungen erörtert (siehe die Frage „Was kann ich tun, um meine strenge Haftung gegenüber der GmbH abzumildern?“). Versicherbar sind sowohl die Risiken der Innen- als auch der Außenhaftung. Bei der Innenhaftung geht es um die Verantwortlichkeit gegenüber der GmbH, bei der Außenhaftung um die Verantwortlichkeit gegenüber Dritten, insbesondere Gesellschaftsgläubigern. Zu beachten ist, dass dieser Versicherungsschutz lediglich Vermögensschäden abdeckt, nicht jedoch Personen- oder Sachschäden.

Haftpflichtversicherungsschutz

Letztere werden über die herkömmlichen Betriebshaftpflichtversicherungen versichert.

Top-Manager-Rechtsschutz

Soll der Geschäftsführer in die Haftung genommen werden oder wird er strafrechtlich verfolgt, so können erhebliche Kosten für die Verteidigung und Vertretung des Geschäftsführers entstehen. Eine strafrechtliche Verfolgung ist beispielsweise denkbar, wenn durch fehlerhafte Produkte Menschen verletzt oder getötet werden und anschließend gegen die Geschäftsführer wegen fahrlässiger Körperverletzung oder Tötung ermittelt wird. Diese Risiken lassen sich über Top-Manager-Rechtsschutzversicherungen versichern. Rechtsschutzversicherungen decken stets nur die Kosten des Verfahrens ab, die Zahlung des Schadensersatzes, der Geldbuße oder der Geldstrafe wird nicht versichert.

## Unterliege ich einem (nachvertraglichen) Wettbewerbsverbot?

Wettbewerbsverbot und Karenzentschädigung

Jeder Geschäftsführer unterliegt einem umfassenden Wettbewerbsverbot. Insofern wiederholt § 13 des Mustervertrags lediglich die ohnehin bestehende rechtliche Situation. Empfehlenswert ist aus Sicht der GmbH die Absicherung des Wettbewerbsverbots durch eine Vertragsstrafe. Ein nachvertragliches Wettbewerbsverbot, das erst nach dem Ausscheiden des Geschäftsführers in Kraft tritt, gilt nicht von Gesetzes wegen, sondern nur aufgrund einer besonderen Vereinbarung, die sich beide Parteien gründlich überlegen sollten. Der Geschäftsführer ist durch das nachvertragliche Wettbewerbsverbot in seiner beruflichen Tätigkeit stark eingeschränkt, die Gesellschaft muss möglicherweise eine Entschädigung für die Auferlegung des Wettbewerbsverbots an den Geschäftsführer zahlen (eine so genannte Karenzentschädigung). Es ist allerdings noch nicht abschließend geklärt, ob beim Geschäftsführer auch die Vereinbarung eines Wettbewerbsverbots ohne Karenzentschädigung möglich ist. Dies hat der Bundesgerichtshof überraschend in einem jüngeren Urteil – allerdings ohne ausführliche Begründung – bejaht (siehe BGH, GmbHR 2002, 431, 432, anderer Ansicht jedoch OLG Düsseldorf, GmbHR 1998, 180, 181).

## Wem stehen die Rechte an Erfindungen zu, die ich als Geschäftsführer mache?

Eine Regelung zu Rechten an Erfindungen bzw. Software im Anstellungsvertrag bietet sich dann an, wenn der Geschäftsführer selbst daran beteiligt ist, derartige Immaterialgüterrechte zu schaffen. Hier empfiehlt sich eine Verweisung auf das Recht des Arbeitnehmers, das sonst so ohne weiteres für den Geschäftsführer nicht zur Anwendung käme.

## Was habe ich bei der Kündigung bzw. Beendigung des Geschäftsführer-Dienstvertrags zu beachten?

Dauer und Befristung

Auf die Regelungen zur Beendigung des Anstellungsvertrages ist besondere Sorgfalt zu legen. Es muss von beiden Parteien geprüft werden, ob der Anstellungsvertrag auf unbestimmte Zeit oder befristet geschlossen werden soll. Der Gesellschaft kann eine Befristung sehr teuer zu stehen kommen; will sie sich nämlich von ihrem Geschäftsführer vor Ablauf der Befristung trennen, wird dieser auf seinen Vergütungsanspruch bis zum letzten Tag der vereinbarten Laufzeit pochen und ein vorzeitiges Auslaufen der Vergütungszahlung nur gegen Abfindung akzeptieren. Für den Geschäftsführer hingegen ist die Vereinbarung einer möglichst langen Befristung – gerade um eine Abfindung im Fall des vorzeitigen Ausscheidens zu erreichen – häufig vorteilhaft. Da für den Geschäftsführer zudem kein Kündigungsschutz besteht und er jederzeit von der Gesellschaft ohne Angabe von Gründen gekündigt werden könnte, schützt ihn eine Befristung oder zumindest eine lange Kündigungsfrist.

Ist das Dienstverhältnis auf unbestimmte Dauer geschlossen, empfiehlt sich eine vertragliche Regelung der Kündigungsfrist, wobei in der Praxis meist längere Fristen als beim Arbeitnehmer – die Grundkündigungsfrist beträgt dort vier Wochen – vereinbart werden.

Endet das Anstellungsverhältnis, so sollte die Gesellschaft darauf achten, dass der Geschäftsführer sämtliche ihm überlassene Unterlagen, Schlüssel und sonstige Gegenstände – wie den Dienstwagen oder das Mobiltelefon – ohne Zurückbehaltungsrecht herausgeben muss.

Experten-Tipp

**Organstellung vom Dienstverhältnis trennen**

Bitte achten Sie unbedingt darauf, dass die Organstellung von dem Dienstverhältnis zu trennen ist. Beide Rechtsverhältnisse müssen wirksam beendet werden. Eine Kündigung des Dienstvertrags bedeutet nicht automatisch auch eine Beendigung der Organstellung und umgekehrt. Die Organstellung endet durch Abberufung Ihrer Person vom Amt des Geschäftsführers oder durch Niederlegung Ihrerseits.

# Welche Haftungsrisiken existieren in der Gründungsphase?

## Wie haftet der Geschäftsführer bei der Gründung?

Handelndenhaftung

Der Geschäftsführer ist zwar berechtigt, mit der GmbH in Gründung bereits die Geschäfte aufzunehmen, wenn die Gesellschafter ihn hierzu beauftragt haben. Er muss sich jedoch vergegenwärtigen, dass er in der Gründungsphase, das heißt bis zur Einragung der Gesellschaft im Handelsregister, persönlichen Haftungsrisiken ausgesetzt ist. Das GmbH-Gesetz statuiert in § 11 Abs. 2 GmbHG die so genannte Handelndenhaftung. Diese besagt, dass alle Personen, die für die Gesellschaft schon vor Handelsregistereintragung handeln, den Gläubigern gegenüber persönlich und solidarisch haften. Der Bundesgerichtshof beschränkt allerdings den Kreis der Handelnden auf die Geschäftsführer bzw. auf solche Personen, die wie Geschäftsführer auftreten. Für den GmbH-Geschäftsführer bedeutet dies: Schließt er Verträge ab bzw. geht er Verbindlichkeiten für die neu gegründete Gesellschaft ein, läuft er Gefahr, persönlich in Anspruch genommen zu werden. Dies ist jedenfalls dann der Fall, wenn das Gesellschaftsvermögen zur Begleichung der Schulden, die in der Gründungsphase entstanden sind, nicht ausreicht. Diese Haftung bezieht sich auf alle rechtsgeschäftlichen, das heißt auf Vertrag beruhenden Verbindlichkeiten. Betroffen sind z. B. Verbindlichkeiten gegenüber einem Vermieter, von dem Geschäftsräume angemietet worden sind, Ansprüche der Arbeitnehmer auf Gehalt, Ansprüche auf Zahlung von Kaufpreis und Werklohn für abgeschlossene Verträge, usw.

Praxis-Beispiel

**Guter Rat wird nicht immer teuer vergütet**

Robert Waldner gründet die Ratgeber-Unternehmensberatungs-GmbH. Er hat sich hierzu entschlossen, weil ihm ein großer Auftrag im Bereich Personal bzw. Organisation zugesagt worden ist. Ein großer Betrieb mit 3.000 Mitarbeitern hat ihn beauftragt, ein elektronisches Orga-Handbuch (Organisations-Handbuch) zu installieren. Der Auftraggeber verspricht sich davon eine Verbesserung seiner innerbetrieblichen Prozesse. Robert Waldner gründet daher vor einem Notar eine Einmann-GmbH mit einem Mindeststammkapital von 25.000 €. Nachdem ihm der Notar die Urkunde zugesandt hat, begibt er sich zu seiner Bank, eröffnet auf die GmbH in Gründung ein Konto und zahlt sogleich die 25.000 € ein. Die GmbH i.G. erhält – wie geplant – den Auftrag für die Erstellung des elektronischen Orga-Handbuchs. Da der Auftrag sehr umfangreich ist, etwa 100 Beratertage umfasst, stellt Robert Waldner für die Gesellschaft drei freie Mitarbeiter ein, die er auf das Projekt ansetzt. Einige Wochen später stellt die GmbH die erste Rechnung über 30.000 € aus. Bereits diese Rechnung wird bei Fälligkeit nicht bezahlt, worüber Robert Waldner sich etwas wundert. Er arbeitet jedoch mit seinen freien Mitarbeitern weiter an dem Projekt, da er fest davon überzeugt ist, dass das große Unternehmen zahlen wird. Als er wieder einige Wochen später seine zweite Rechnung – nochmals über 30.000 € – legt, ist die erste Rechnung noch immer unbezahlt. Schließlich stellt sich heraus, dass sein Vertragspartner kurz vor der Insolvenz ist und in den nächsten Tagen einen Insolvenzantrag stellen wird. Robert Waldner muss daher um seine eigene Existenz bangen, mit einem kurzfristigen Ausgleich seiner Forderungen ist nicht zu rechnen. In einem späteren Insolvenzverfahren wird er allenfalls einen Teil seiner Forderung erhalten. Seine drei freien Mitarbeiter beeindruckt dies wenig Sie pochen auf Zahlung ihrer Honorare und gleiches trifft auf den Vermieter sowie die Lieferanten, bei denen er bereits Büromöbel bestellt und auch erhalten hat, zu. Seine 25.000 € sind bereits aufgebraucht. Robert Waldner verspürt wenig Lust, von seinem Privatvermögen noch zusätzliches Geld in die GmbH einzuschießen, vielmehr stellt er Insolvenzantrag. ◂

Unbegrenzte Haftung

Die GmbH in Gründung kann bereits in die Insolvenz fallen, jetzt greift jedoch die Handelndenhaftung, das heißt Robert Waldner als Geschäftsführer haftet unbeschränkt persönlich für die von ihm vertraglich begründeten Verbindlichkeiten. Nun muss er also doch mit seinem Privatvermögen einstehen. Hätte er mit der Geschäftsaufnahme gewartet bis die GmbH im Handelsregister eingetragen ist, wäre eine persönliche Haftung mit seinem Privatvermögen nicht entstanden. Je nach Bearbeitungsdauer des Handelsregisters kann sich allerdings die Eintragung mehrere Monate, teilweise bis zu einem halben Jahr hinziehen. Robert Waldner ist hier aber darauf angewiesen, möglichst schnell eine GmbH als Vertragspartnerin zur Verfügung zu haben, da ansonsten die Gefahr besteht, dass der Auftrag anderweitig vergeben wird. Dass er – wegen des Zahlungsausfalls – besser daran getan hätte, den Auftrag nicht anzunehmen, war für Robert Waldner nicht absehbar. Die Handelndenhaftung erlischt mit der Handelsregistereintragung. Dies gilt auch für Verbindlichkeiten, bei denen der Gläubiger bereits versucht hat, den Geschäftsführer aus der Handelndenhaftung in Anspruch zu nehmen. Ist die Gesellschaft eingetragen, so hat der Gläubiger seine gewünschte Schuldnerin, nämlich die GmbH. Für eine zusätzliche Haftung des Geschäftsführers ist daher kein Raum mehr.

## Wie haften die Gesellschafter bei der Gründung?

Verlustdeckungshaftung

Auch die Gesellschafter sind in der Gründungsphase zusätzlichen Haftungsrisiken ausgesetzt. Da das Handelsregister die Gesellschaft noch nicht eingetragen und auch die Gründungsunterlagen noch nicht abschließend geprüft hat, ist es sachgerecht, die Gründer in der Gründungsphase haften zu lassen. Denn schließlich gestattet man ihnen, dass sie bereits mit einem Unternehmen am Markt auftreten, obwohl dieses noch nicht „registriert" ist. Erstaunlich ist allerdings, dass im Gesetz die persönliche Haftung der GmbH-Gesellschafter in der Gründungsphase nicht geregelt ist. Der historische Gesetzgeber ging davon aus, dass die GmbH vor ihrer Eintragung nicht mit Verbindlichkeiten belastet werden durfte. Die heute aktuelle Rechtsprechung lässt jedoch zu, dass die GmbH in Gründung bereits Geschäfte aufnimmt und damit auch Vorbelastungen eingeht. Als Ausgleich hierfür hat der Bundesgerichtshof eine unbeschränkte Haftung der Gründer im Verhältnis zu ihrer GmbH festgelegt. Das bedeutet, dass die Gründer für sämtliche Verluste der GmbH einstehen (so genannte Verlustdeckungshaftung). Es handelt sich um einen Anspruch der GmbH, den gegebenenfalls im Falle der Insolvenz der Insolvenzverwalter durchsetzt.

Mehrere Gründer

Gründen mehrere Personen eine GmbH, bestimmt sich ihre Eintrittspflicht für die Verbindlichkeiten der Gesellschaft bzw. für die Abdeckung sämtlicher Verluste nach dem Verhältnis ihrer übernommenen Stammeinlagen. Im obigen Beispiel, in dem Markus Bach und Cosima Meier eine GmbH mit einem Stammkapital von 25.000 € gegründet haben, von dem sie jeweils die Hälfte übernommen haben, wäre es also so, dass die beiden jeweils die

Hälfte der Verluste abzudecken hätten. Kann einer von ihnen allerdings den Verlust nicht tragen, muss der andere den Ausfall übernehmen. Im Extremfall kann daher ein Gründer für den vollen Verlust aufkommen.

Haftung der Gründer nach Eintragung

Wird die GmbH im Handelsregister eingetragen, erlischt die Haftung der Gründer nicht ersatzlos, an ihre Stelle tritt vielmehr die so genannte Unterbilanzhaftung. Diese besagt, dass die Gesellschafter im Verhältnis zur Gesellschaft für eine etwaige Differenz zwischen der Stammkapitalziffer, hier 25.000 €, und dem tatsächlich vorhandenen Reinvermögen einstehen müssen. Haben also Markus Bach und Cosima Meier ihre GmbH gegründet, die Geschäfte bereits aufgenommen und sind einige Verluste bis zur Handelsregistereintragung aufgelaufen, so haften die beiden für diese Differenz. Der Anspruch besteht seitens der Gesellschaft und unterliegt einer Verjährung von fünf Jahren, beginnend mit der Eintragung der Gesellschaft im Handelsregister. Beträgt also wie bei der Gesellschaft von Markus Bach und Cosima Meier das Stammkapital 25.000 €, ist am Tag der Eintragung aber nur noch ein Gesellschaftsvermögen von effektiv 20.000 € vorhanden, so haften die beiden in Höhe der Differenz, wobei jedoch der Gründungsaufwand (in jedem Fall die Notar- und Handelsregisterkosten) abzugsfähig sind.

# Was muss ich bei der Handelsregister-eintragung beachten?

## Welche Unterlagen müssen beim Handelsregister eingereicht werden?

Formalien

Beim Handelsregister einzureichen sind das Gründungsprotokoll einschließlich des Gesellschaftsvertrags, eine Gesellschafterliste sowie eine notariell beglaubigte Handelsregisteranmeldung. In der Regel verlangen die Register ferner Nachweise, dass die Stammeinlagen tatsächlich einbezahlt worden sind. Ausreichend ist meist die Vorlage einer Kopie des entsprechenden Kontoauszugs.

Besonderheiten bei der Sachgründung

Bei einer Sachgründung ist zusätzlich ein Sachgründungsbericht sowie Unterlagen einzureichen, aus denen sich der Wert der Sacheinlagen ergibt. Die Gründer müssen nachvollziehbar darlegen, wie sie die Bewertung der jeweiligen Sacheinlage vorgenommen haben. Auch die Verträge, mit denen die Sacheinlage in das Gesellschaftsvermögen eingebracht wird, z. B. die notariell beurkundete Urkunde über die Einbringung eines Grundstücks in das Betriebsvermögens, sind vorzulegen. Wird eine staatliche Genehmigung benötigt, so muss diese vor der Eintragung der Gesellschaft im Handelsregister vorliegen (siehe dazu ausführlich das Kapitel über staatliche Genehmigungen). So muss beispielsweise bei Gründung einer Handwerks-GmbH zunächst die Handwerkskammer ihr Einverständnis erteilen, indem sie die entsprechende Handwerkskarte auf die GmbH in Gründung ausstellt bzw. die Eintragung in die Handwerksrolle vornimmt.

## Wann benötige ich staatliche Genehmigungen?

Konzession erforderlich

Eine Reihe von Unternehmen dürfen ihre Tätigkeit erst dann ausüben, wenn entsprechende Genehmigungen bzw. Konzessionen vorliegen. Wichtigster Anwendungsbereich ist der Betrieb einer Handwerks-GmbH. Hier ist die Eintragung in die Handwerksrolle der zuständigen Handwerkskammer erforderlich.

Praxis-Beispiel

**Stone & Marble GmbH**

Michael Stone und Paul Marble möchten gemeinsam einen Steinmetzbetrieb in der Rechtsform der GmbH betreiben. Hintergrund ist die Erteilung eines Großauftrags eines Museums, bei dem sie die historische Steinfassade restaurieren könnten. Michael ist Steinmetzmeister und hat somit die handwerksrechtlichen Voraussetzungen, einen Handwerksbetrieb zu führen. Nach dem Notarbesuch, bei dem die GmbH gegründet wird, bemühen sich die beiden daher sogleich um Eintragung der „GmbH in Gründung" in die Handwerksrolle. Nach Eintragung derselben wird das Registergericht, also das zuständige Amtsgericht, die Gesellschaft im Handelsregister eintragen. Liegen hingegen die handwerksrechtlichen Voraussetzungen nicht vor, so würde die GmbH einen Unternehmensstand verfolgen, der nicht verfolgt werden dürfte, daher darf das Handelsregister diese Gesellschaft nicht eintragen. ◂

Weitere Beispiele für das Erfordernis einer Genehmigung sind etwa der Betrieb eines Taxenbetriebs, für den eine Konzession nach dem Personenbeförderungsgesetz benötigt wird. Dem Betrieb einer Rechtsanwaltskanzlei, eines Steuerbüros, einer Architekten-GmbH, müssen die jeweils die zuständigen Kammern, das heißt die Rechtsanwaltskammer, die Steuerberaterkammer oder die Architektenkammer der Eintragung in das Handelsregister zustimmen.

# Teil III: Wie führe ich erfolgreich eine GmbH?

# Was trägt die Geschäftsführung zum Erfolg einer GmbH bei?

## Welche Grundsätze sollte ein Geschäftsführer beachten?

Organisationshoheit

Der Geschäftsführer muss sich vergegenwärtigen, dass er die Organisationshoheit in seinen Händen hält. Das bedeutet, dass er den gesamten Geschäftsbetrieb, das heißt alle betrieblichen Prozesse, möglichst am Unternehmensinteresse ausgerichtet zu organisieren, aber auch Gefahren für Dritte zu minimieren hat. Hierfür muss der Geschäftsführer alle Abteilungen des Betriebs im Einzelnen durchgehen und eine Bestandsaufnahme tätigen. Im Ergebnis sollte er Checklisten aufstellen, in denen die Risiken aufgezeigt und die jeweiligen Gegenmaßnahmen verfügt werden.

Checklisten

Es würde den Rahmen dieses Ratgebers sprengen, derartige Checklisten für alle Bereiche aufzustellen, zumal diese die Besonderheiten des jeweiligen Betriebs, insbesondere seines Unternehmensgegenstands bzw. seiner Branche berücksichtigen müssten.

CD-ROM

Dennoch werden hier exemplarisch für einige wichtige Bereiche Checklisten vorgeschlagen. Diese Checklisten betreffen den Abschluss und die Umsetzung von Verträgen sowie den Bereich Personal, die in allen Unternehmen vorkommen können. All diese Checklisten finden Sie auch auf Ihrer CD-ROM.

Diese Checklisten sind selbstverständlich nicht abschließend. Sie bieten dem Geschäftsführer nur eine Anregung, die ihn dazu anhalten sollen, auch die anderen Bereiche – wie etwa die Produktion – entsprechend zu durchleuchten und die Risiken sowie die Gegenmaßnahmen zusammenzutragen. Für die GmbH in der Krise wird dem Geschäftsführer weiter unten eine gesonderte Checkliste an die Hand gegeben, weil dieser Bereich besonders haftungsträchtig ist.

**Checkliste: Vertrags- und Forderungsausfallrisiken**

| Prüfungspunkt | ja | nein |
|---|---|---|
| Haben Sie die Eckdaten des Vertrags unter Berücksichtigung des Bedarfs festgelegt? | | |
| Haben Sie die Wirtschaftlichkeit des angestrebten Vertrags geprüft? | | |
| Haben Sie die Daten des Vertragspartners vollständig erfasst (Rechtsform, Anschrift, Vertretung, gegebenenfalls weitere Daten, z. B. Geburtsdatum, damit spätere Auskünfte erleichtert werden)? | | |
| Ist die Kompetenz und Qualifikation des Vertragspartners geprüft worden? | | |
| Ist der Vertragspartner insbesondere im Hinblick auf die Einhaltung vereinbarter Fristen zuverlässig? | | |
| Sind Abhängigkeiten des Vertragspartners von Konkurrenten vorhanden? | | |
| Ist die Geeignetheit und Qualität des Kaufgegenstandes geprüft worden? Ist z. B. beim Grundstückskauf geprüft worden, ob etwaige Belastungen, wie Vorkaufsrechte, Baulasten oder Altlasten (gegebenenfalls Bodengutachten einholen) bestehen? | | |
| Wurden bei größeren Investitionen (Wert-) Gutachten eingeholt? | | |
| Ist der Vertragsgegenstandes vor Vertragsschluss geprüft worden? | | |
| Ist die Finanzierung für den Kaufgegenstand sichergestellt? (Zahlungsziele des Verkäufers, Kontokorrentkredit der Hausbank, Leasing bzw. Miete des Gegenstandes als Alternative) | | |
| Ist bei Dauerschuldverhältnissen, wie Leasing-/ Miet- oder Wartungsverträgen geprüft worden, ob die Laufzeit und das Entgelt unter Berücksichtigung des technischen Standards des Produkts tragbar ist? Sind Kündigungsmöglichkeiten auf Termin gelegt worden? | | |

| | | |
|---|---|---|
| Sollte bei der Vergabe eigener Aufträge ein Vergabeverfahren, je nach Volumen des Vertrages, installiert werden? | | |
| Ist der Abschluss des Vertrages sichergestellt? | | |
| Sind die für den Vertragsschluss erforderlichen korrespondierenden Willenserklärungen (Angebot/Bestellung und Auftragsbestätigung) dokumentiert? | | |
| Wird bei Bedarf vom Institut des kaufmännischen Bestätigungsschreibens Gebrauch gemacht? (Was bedeutet, dass nach Vertragsverhandlungen und einem mündlichen Vertragsschluss das Verhandlungsergebnis schriftlich fixiert und der Gegenseite mitgeteilt werden sollte. Ein Schweigen auf das Bestätigungsschreiben kann als Zustimmung zum Inhalt des Bestätigungsschreibens zu werten sein.) | | |
| Haben Sie die Vertretungsmacht des Verhandlungspartners geprüft? (Vertretung durch Organ (Geschäftsführer/Vorstand), Vertretung durch Prokurist, Vertretung durch (General-) Handlungsbevollmächtigten, Sonstige Vollmachten, z. B. Generalvollmacht, Prüfung ob Allein- oder Gesamtvertretung) | | |
| Gelten für das Vereinbarte bzw. gesetzliche Formvorschriften? | | |
| Haben Sie die Bonität des Vertragspartners geprüft? (Einschaltung einer Auskunftei wie Creditreform, Bürgel, usw., Einholung einer Auskunft aus dem Schuldnerverzeichnis, Schufa-Auskünfte, Bankauskünfte, sonstige Auskünfte, z. B. Auskunft des Vorvermieters bei Abschluss eines Mietvertrages, dass Mietverbindlichkeiten nicht bestehen) | | |
| Haben Sie darauf geachtet, dass Ihre Allgemeinen Geschäftsbedingungen (AGB) gelten oder haben Sie die AGB der Gegenseite geprüft, wenn diese einbezogen werden sollen? (Besonderheiten hinsichtlich der Einbeziehung von AGB beachten, auf unwirksame Klauseln achten, Problem kollidierender AGB im Auge behalten) | | |

| | | |
|---|---|---|
| Gelten für den Vertragsschluss Besonderheiten, weil Verbraucher beteiligt sind? (Vorschriften für Haustürgeschäfte, Verbraucherkreditgeschäfte, Fernabsatzgeschäfte sowie Versicherungsgeschäfte) | | |
| Haben Sie Vorsorge für den Fall von Forderungsausfallrisiken getroffen? Etwa durch Vereinbarung von Eigentumsvorbehalten (gegebenenfalls verlängerte oder erweiterte Eigentumsvorbehalte). Verlangen Sie gegebenenfalls die Stellung einer Bankbürgschaft. | | |
| Arbeiten Sie mit Forderungsausfall- bzw. Warenkreditversicherungen, sowie mit Akkreditiven im internationalen Geschäft? | | |
| Vereinbaren Sie bei Bedarf Sicherungsübereignungen (wichtige Dokumente stets bis zur vollständigen Bezahlung zurückbehalten, wie z. B. Kfz-Brief)? | | |
| Vereinbaren Sie, wenn nötig, Sicherungsabtretungen (= Forderungszession)? | | |
| Verlangen Sie –sofern durchsetzbar– die Stellung einer Kaution bzw. Vereinbarung eines Sicherheitseinbehalts von der Gegenseite, um z. B. Gewährleistungsrisiken abzudecken. | | |
| Haben Sie sichergestellt, dass Sie Ihre eigene Leistung ordnungsgemäß erfüllen können (Sicherstellung einer entsprechenden Organisation, Verwaltung der einzuhaltenden Termine, Zeitmanagement, von vornherein Vereinbarung von ausreichenden Terminen, Eintreten in Nachverhandlungen, sobald absehbar ist, dass Termine nicht eingehalten werden können, Vereinbarung eines Selbstbelieferungsvorbehalts, Vereinbarung eines Rücktrittsrechts, gegebenenfalls gegen Erstattung entstandener Aufwendungen) | | |
| Haben Sie für eine optimale Qualitätssicherung gesorgt, damit Gewährleistungsrisiken minimiert werden können? | | |
| Haben Sie die Warenendkontrolle effektiv organisiert? | | |
| Haben Sie sichergestellt, dass Produktrückrufe jederzeit erfolgen können? | | |

| | | |
|---|---|---|
| Ist die ordnungsgemäße Erfüllung der Leistung des Vertragspartners sichergestellt? | | |
| Haben Sie die zur Verfügung gestellte Leistung – sei es Werkdienstleistung oder eine Ware – durch geschultes Personal geprüft? | | |
| Werden die Gewährleistungsansprüche durch unverzügliche Untersuchung eingehender Ware und Anzeige etwaiger Mängel beim Lieferanten gesichert? | | |
| Ist sichergestellt, dass bei Vertragsverstößen des Vertragspartners aller vertraglich vereinbarten bzw. gesetzlich bestehenden Rechtsbehelfe ausgeschöpft werden? | | |
| Vereinbaren Sie Vertragsstrafen und nutzen Sie diese aus? | | |
| Vereinbaren Sie dort, wo Sie auf die termingerechte Erfüllung angewiesen sind, Fixklauseln? Beachten Sie aber, dass zwar sofort Schadensersatz verlangt werden kann, jedoch Erfüllung des Vertrages ausgeschlossen ist. | | |
| Treffen Sie mit ihren Lieferanten Qualitätssicherungsvereinbarungen? | | |
| Haben Sie das Forderungsmanagement/ Mahnwesen und Forderungsbeitreibung effektiv organisiert? | | |
| Wird die Debitorenbuchhaltung gut geführt? | | |
| Wird die Offene-Posten-Liste turnusmäßig geprüft? | | |
| Wird der Forderungseingang überwacht? (Standardisierung von Mahnungen, mindestens zwei Mahnungen, gegebenenfalls dritte Mahnung mit Sicherung des Zugangs, damit Anspruch auf Verzugszinsen gewährleistet ist; bei wichtigen Kunden gegebenenfalls Spezialbehandlung durch individuell formulierte Schreiben; gegebenenfalls telefonische Mahnungen bzw. Nachfragen veranlassen.) | | |

| | | |
|---|---|---|
| Werden die offenen Forderungen gegebenenfalls gerichtlich geltend gemacht? (Abgabe an Fachabteilung bzw. eingeschaltetes Inkassobüro bzw. Rechtsanwalt wegen der Einleitung des gerichtlichen Mahnverfahrens, Festlegung einer Bagatellgrenze, vorab bei größeren Forderungen Bonitätsauskünfte einholen, um Kostenrisiken zu minimieren, vor Einleitung von gerichtlichen Mahnverfahren prüfen, ob Gegenforderungen bestehen, die eine gerichtliche Durchsetzung wirtschaftlich riskant oder unsinnig werden lassen.) | | |
| Haben Sie bei der prozessualen Geltendmachung darauf geachtet, dass der Anspruch exakt beziffert und begründet wird? (Begründung des Anspruchs vorbereiten, durch Zusammenstellung der Vertragsunterlagen, der Nachweis des Vertragsschlusses muss geführt werden können; der Nachweis der Erbringung der eigenen Leistung muss ebenso geführt werden können, auf Fälligkeit des Anspruchs achten, Beweise zum Beginn des Verzugs sichern; angeben, wie bereits gezahlte Leistungen verrechnet wurden, sodass die Restforderung eindeutig identifizierbar ist.) | | |
| Prüfen Sie nach Widerspruch gegen den Mahn- bzw. Vollstreckungsbescheid nochmals die Erfolgsaussichten und die Zahlungsfähigkeit des Gegners, um zu entscheiden, ob weitere Gerichtskosten eingezahlt und das Verfahren fortgesetzt oder der Vorgang beendet werden soll? | | |
| Haben Sie entschieden, wem die Prozessführung obliegt? (Einschaltung einer Anwaltskanzlei, Anwaltszwang bei Zuständigkeit des Landgerichts [ab 5000 € Streitwert]). | | |
| Haben Sie nach Abschluss einer Instanz im Falle einer (teilweisen) Niederlage geprüft, ob Berufung eingelegt werden kann und diese eingelegt werden soll? | | |
| Prüfen Sie bei Prozessen, die zu einem klageabweisenden Urteil führten, die also zumindest teilweise verloren wurden, ob die Prozesserfahrung in den betrieblichen Ablauf umgesetzt werden kann, indem durch Veränderungen zukünftig derartige Niederlagen vermieden werden können, z. B. durch Klarstellung oder Änderung der Allgemeinen Geschäftsbedingungen. | | |

**Checkliste zu arbeitsrechtlichen Risiken**

| Prüfungspunkt | ja | nein |
|---|---|---|
| Haben Sie sich bei Dienstantritt einen Überblick über die personelle Situation verschafft? | | |
| Haben Sie alle Arbeitsverträge erfasst? | | |
| Verwalten Sie die Verträge/ Personalakten ordnungsgemäß? (Anlage von Personalakten, auf Vollständigkeit der Unterlagen achten, Einsichtsrechte der Arbeitnehmer wahren und Verfahren hierfür anordnen) | | |
| Haben Sie im Blick, welche Betriebsvereinbarungen gelten? (Kündigungsmöglichkeiten prüfen) | | |
| Gelten für Ihr Unternehmen Tarifverträge? (Tarifgebundenheit/Allgemeinverbindlichkeitserklärung) | | |
| Ist eine Urlaubsplanung installiert? (Überwachung der Urlaubsansprüche der Arbeitnehmer) | | |
| Ist sichergestellt, dass die Arbeitnehmer die vertraglich vereinbarte Arbeitszeit erfüllen? | | |
| Überprüfung, ob vereinbarte Arbeitszeiten im Unternehmensinteresse liegen, gegebenenfalls Einführung flexibler Arbeitszeiten (Zeitkonten), Engpässe an Arbeitsplätzen bei Ableistung der Arbeitszeit vermeiden, Leerläufe hinsichtlich einzelner Arbeitnehmer vermeiden. | | |
| Haben Sie den Ausbildungsstand aller Arbeitnehmer erfasst? | | |
| Haben Sie ermittelt, ob Abhängigkeiten von einzelnen Arbeitnehmern (Schlüsselarbeitnehmer) bestehen? | | |
| Haben Sie Vertretungsregelungen installiert? (Aufbau von mehreren gleichqualifizierten Arbeitnehmern oder Sicherstellung externen Sachverstands im Vertretungsfall) | | |
| Erhalten die Arbeitnehmer erfolgsabhängige Vergütungsbestandteile? (Zielvereinbarungen/ Gewinntantiemen) | | |
| Haben Sie einen Überblick über die Krankenstände, insgesamt und bezogen auf einzelne Mitarbeiter bzw. Abteilungen? | | |

Checkliste

| | | |
|---|---|---|
| Prüfen Sie, ob der einzelne Mitarbeiter effektiv arbeitet? (Analyse der Tätigkeit der einzelnen Mitarbeiter) | | |
| Existieren in Ihrem Betrieb Stellenbeschreibungen? (Anforderungen an die Stelle und Erfüllung der Anforderungen durch die/ den jeweiligen Mitarbeiter/in, Über-/Unterforderung) | | |
| Ermitteln Sie Fehlerquoten einzelner Mitarbeiter bzw. Abteilungen (häufig wiederkehrende Versäumnisse) | | |
| Haben Sie den Personalbedarf ermittelt? (Personalüberhang oder Personalengpässe) | | |
| Ist sichergestellt, dass Gehaltsabtretungen bzw. Gehaltspfändungen unter Wahrung der Pfändungsfreigrenzen beachtet werden? | | |
| Wird geprüft, inwieweit die Kunden mit dem Service bezüglich einzelner Mitarbeiter/Abteilungen zufrieden sind? | | |
| Wird ermittelt, ob die Arbeitnehmer zufrieden bzw. motiviert sind? (anonymisierte Befragungen, Kummerkasten, Fluktuationsquote) | | |
| Werden neue Mitarbeiter nach anerkannten Grundsätzen ausgewählt? (Auswahlverfahren/ Bewerberauslese organisieren, Assessmentcenter, Einstellungstest, Einschaltung von Personalberatern, usw.) | | |

## Welche Aufgaben hat der Geschäftsführer neben der Leitung der Gesellschaft noch?

Überblick

Die Leitungsaufgabe ist die Kernaufgabe des Geschäftsführers, daneben hat er dennoch eine Reihe weiterer Pflichten, insbesondere aus dem Gesellschaftsrecht und aus dem Bereich der Rechnungslegung.

Zu nennen sind hier die Pflichten gegenüber dem Handelsregister, nämlich die notwendigen Anmeldungen beim Registergericht (= zuständiges Amtsgericht am Sitz der Gesellschaft) vorzunehmen.

Auch nimmt der Geschäftsführer Funktionen im Rahmen der gesellschaftsrechtlichen Organisation wahr. So ist der Geschäftsführer dafür zuständig, die Gesellschafterversammlung einzuberufen und zu organisieren. Schließlich ist der Geschäftsführer für die Buchhaltung der Gesellschaft verantwortlich (§ 41 GmbHG). Diese Zuweisung ist jedoch zu eng, der Geschäftsführer ist für weitere Aufgaben im Bereich der Rechnungslegung verantwortlich. Dies betrifft insbesondere die Aufstellung des Jahresabschlusses, der sich aus der Bilanz, der Gewinn- und Verlustrechnung und dem Anhang zusammensetzt.

## Welche Pflichten hat der Geschäftsführer gegenüber dem Handelsregister?

Eintragungspflichtige Tatsachen

Jede Gesellschaft mit beschränkter Haftung ist im Handelsregister einzutragen. In das Handelsregister kann jedermann Einsicht nehmen. Nicht alle Fakten, die die GmbH betreffen, werden auch tatsächlich im Handelsregister eingetragen. Eingetragen werden bei der GmbH vielmehr die Firma, der Unternehmensgegenstand, die Geschäftsführer und Prokuristen sowie unter anderem Satzungsänderungen.

Der Geschäftsführer ist dafür verantwortlich, die notwendigen Anmeldungen zum Handelsregister vorzunehmen. Die Anmeldungen werden durch die Geschäftsführer in vertretungsberechtigter Zahl vorgenommen. Lediglich bei der Anmeldung der Gesellschaft zur Eintragung im Handelsregister, einer Kapitalerhöhung und Kapitalherabsetzung müssen sämtliche Geschäftsführer mitwirken.

Anmeldepflicht im Einzelnen

Die Anmeldung zum Handelsregister bedarf der öffentlich-beglaubigten Form, das heißt der Gang zum Notar zwecks Beglaubigung der Unterschrift ist unerlässlich. Wir unterscheiden deklaratorische und konstitutive Tatsachen. Bei den deklaratorischen Tatsachen ist die Rechtsänderung bereits in der Außenwelt geschehen. Bei konstitutiven Tatsachen tritt die Rechtsänderung erst durch die Handelsregistereintragung ein. Eine Satzungsänderung, das heißt eine Änderung des Gesellschaftsvertrags beispielsweise wird erst mit Eintragung im Handelsregister wirksam. Dies betrifft etwa auch eine Kapitalerhöhung, für die die Satzung zwingend geändert werden muss,

denn im Gesellschaftsvertrag ist der Betrag des Stammkapitals anzugeben. Die Kapitalerhöhung wird also erst mit Eintragung im Handelsregister wirksam. Gleiches gilt für die Gründung der GmbH selbst: Die GmbH als juristische Person entsteht erst mit Handelsregistereintragung.
Sämtliche konstitutiven Tatsachen unterliegen nicht der öffentlichen Anmeldepflicht. Das Register ist derzeit noch nicht falsch, da die Rechtsänderung erst durch die Eintragung selbst eintritt. Insofern darf das Gericht auch nicht mit Zwangsgeld gegen den Geschäftsführer darauf hinwirken, dass dieser die notwendigen Anmeldungen vornimmt. Wird beispielsweise eine GmbH, die vor dem Notar gegründet ist, nicht beim Handelsregister angemeldet, so interessiert sich hierfür das Handelsregister grundsätzlich nicht. Der Geschäftsführer selbst hat wegen seiner Handelndenhaftung ein Interesse daran, die Gesellschaft möglichst schnell zum Handelsregister anzumelden, damit diese Haftung erlischt.

Zwangsgeld möglich

Anders ist die Situation bei den so genannten deklaratorischen Tatsachen, bei denen also die Rechtsänderung bereits stattgefunden hat und das Register insofern unrichtig ist. Hat beispielsweise die Gesellschafterversammlung einen weiteren Geschäftsführer bestellt, so ist diese Maßnahme in dem Moment wirksam, in dem der neue Geschäftsführer die Bestellung annimmt. Er kann sofort als Geschäftsführer schalten und walten, ohne dass es darauf ankommt, ob er schon im Handelsregister als solcher verzeichnet ist. Hier ist das Registergericht daran interessiert, dass das Handelsregister berichtigt wird. Wird die notwendige Anmeldung nicht vorgenommen, muss das Handelsregister mit Zwangsgeld auf die notwendige Anmeldung, das heißt auf eine Berichtigung des Handelsregisters hinwirken. Das Zwangsgeld wird gegenüber dem Geschäftsführer selbst verhängt.
Weitere deklaratorische Tatsachen sind die Errichtung und die Aufhebung von Zweigniederlassungen, die Erteilung und der Widerruf von Prokura, Änderungen in der Person des Geschäftsführers oder in seiner Vertretungsbefugnis, die Abberufung von Geschäftsführern, die Auflösung der Gesellschaft durch Beschluss der Gesellschafter und die Bestellung von Liquidatoren durch die Gesellschafterversammlung.

# Wie arbeiten Geschäftsführer und Gesellschafter zusammen?

## Wie muss der Geschäftsführer die Gesellschafterversammlung einberufen?

Ordentliche Gesellschafterversammlung

Insbesondere bei kleineren Gesellschaften findet häufig nur einmal jährlich eine Gesellschafterversammlung statt. Diese ordentliche Gesellschafterversammlung wird in der Regel dann einberufen, wenn der Geschäftsführer den Jahresabschluss aufgestellt hat. Auf dieser Gesellschafterversammlung stellt die Gesellschafterversammlung den Jahresabschluss fest, sie beschließt über die Verwendung des Jahresergebnisses und erteilt in der Regel dem Geschäftsführer Entlastung für seine Geschäftsführertätigkeit im abgelaufenen Geschäftsjahr.

Ladung und Tagesordnung

Der Geschäftsführer beruft die Gesellschafterversammlung ein, wobei er eine Tagesordnung beifügt. Dabei hat er die Frist nach dem GmbHG bzw. etwaige abweichende und damit vorrangige Fristen aus dem Gesellschaftsvertrag zu beachten. Nach § 51 GmbHG erfolgt die Einladung der Gesellschafter zur Gesellschafterversammlung mittels eingeschriebener Briefe. Hierbei ist mindestens eine Frist von einer Woche einzuhalten. Leider sagt das Gesetz nicht, wann diese Frist beginnt. Es wird vertreten, dass diese Frist dann beginnt, wenn mit dem Zugang der Einschreibebriefe bei den Gesellschaftern zu rechnen ist. Hierbei ist im Inland von einer Postlaufzeit von höchstens zwei Tagen auszugehen. Die Frist zur Ladung zur Gesellschafterversammlung beginnt also mit der Aufgabe des eingeschriebenen Briefs zur Post zuzüglich der üblicherweise zu erwartenden Postlaufzeit von zwei Tagen, während es auf den eigentlichen Zugang des Briefs nicht mehr ankommt. Die Tagesordnung muss ebenfalls mit eingeschriebenem Brief und unter den gleichen Formalien wie die Einladung versandt werden. Üblich ist es, dass die Tagesordnung sogleich der Einladung beigefügt wird. Das Gesetz sieht hier eine Drei-Tages-Frist vor, das heißt die Tagesordnung muss mindestens drei Tage vor der Versammlung angekündigt worden sein.

Versammlungsleitung und Teilnahmerecht

Der Geschäftsführer selbst leitet häufig in der Praxis die Gesellschafterversammlung, das Recht hierzu hat er jedoch nicht. Vielmehr entscheiden die Gesellschafter, wer die Versammlungsleitung übernimmt. Der Geschäftsführer, der gleichzeitig nicht auch Gesellschafter ist, hat noch nicht einmal das Recht, auf der Gesellschafterversammlung anwesend zu sein. Möchten die Gesellschafter beispielsweise gerade über die Geschäftsführung des Geschäftsführers kritisch diskutieren, kann es sinnvoll sein, den Geschäftsführer von der Teilnahme an der Gesellschafterversammlung auszuschließen. In der Praxis wird hingegen der Geschäftsführer präsent sein, gerade um die Fragen der Gesellschafter zu einzelnen Positionen des Jahresabschlusses oder zu der aktuellen Situation der Gesellschaft zu beantworten.

## Kann die Gesellschafterversammlung dem Geschäftsführer Weisungen erteilen?

Gesellschafterversammlung ist oberstes Willensbildungsorgan

Die Gesellschafterversammlung ist das oberste Willensbildungsorgan der GmbH. Sie ist dem Geschäftsführer übergeordnet. Sie bestellt ihn, beruft ihn ab, kontrolliert ihn und darf ihm auch Weisungen in jeder Hinsicht erteilen. Die Gesellschafterversammlung entscheidet, ob sie dem Geschäftsführer eigenverantwortliche Handlungsspielräume eröffnet oder ob sie selbst bis ins Tagesgeschäft hinein Direktiven erteilt. Der Geschäftsführer ist verpflichtet, den Weisungen der Gesellschafter Folge zu leisten.

Weisungsrecht und Rechtsfolgen bei Verweigerung

Führt der Geschäftsführer eine Weisung nicht aus, macht er sich sogar gegenüber der Gesellschaft schadensersatzpflichtig. Gleichzeitig stellt dies einen Grund dar, den Geschäftsführer mit sofortiger Wirkung von seinem Amt als Geschäftsführer abzuberufen. Lediglich Weisungen, die rechtswidrig sind, muss und darf der Geschäftsführer nicht umsetzen. Dazu gehören Weisungen, die gegen steuerrechtliche oder sozialversicherungsrechtliche Vorschriften verstoßen, z. B. die Weisung, die Umsatzsteuer nicht zu zahlen, weil die Gesellschafter mit dem Geld andere Pläne haben oder die Weisung, Mitarbeiter entgegen den gesetzlichen Vorschriften als Scheinselbstständige, das heißt außerhalb des Sozialversicherungsrechts, zu beschäftigen.

Rechtswidrige Weisungen

Erteilt beispielsweise die Gesellschafterversammlung dem Geschäftsführer die Weisung, er möge die neue Sekretärin als freie Mitarbeiterin – zwecks Einsparung von Lohnnebenkosten – beschäftigen, so ist diese Weisung für den Geschäftsführer nicht bindend, weil es sich bei der Sekretärin zweifelsfrei um eine Arbeitnehmerin und nicht um eine selbstständige freie Mitarbeiterin handelt. Ebenfalls sind Weisungen nicht maßgeblich, die gegen zwingendes Insolvenzrecht verstoßen. Ist die Gesellschaft beispielsweise insolvenzreif, muss der Geschäftsführer unverzüglich Insolvenzantrag stellen, eine entgegenstehende Weisung der Gesellschafterversammlung ist unbeachtlich (siehe dazu weiter unten das Kapitel zum Thema Insolvenz).

Auch Weisungen, die gegen die Grundsätze der Kapitalerhaltung verstoßen, sind unbeachtlich (siehe dazu der Abschnitt „Darf der Geschäftsführer aus dem Gesellschaftsvermögen Zahlungen an die Gesellschafter vornehmen?“).

Erteilt beispielsweise die Gesellschafterversammlung dem Geschäftsführer die Weisung, er möge 10.000 € an den Gesellschafter Müller ausbezahlen und ist diese Auszahlung jedoch unzulässig, weil freies Kapital hierfür nicht zur Verfügung steht, muss er die Ausführung der Weisung verweigern. Hält er sich an die Weisung, macht er sich sogar selbst gemäß § 43 Abs. 3 GmbHG schadensersatzpflichtig. Gerät also die Gesellschaft später in die Insolvenz, wird der Insolvenzverwalter, wenn er den Verstoß aufdeckt, den Geschäftsführer in die Haftung nehmen, sofern er sich nicht an den bzw. die Gesellschafter hält.

Haftungsentlastende Wirkung

Soweit allerdings die Gesellschafterversammlung von ihrem Weisungsrecht in zulässiger Weise Gebrauch macht und der Geschäftsführer die Weisung ausführt, entfällt seine persönliche Haftung gegenüber der GmbH. Weist beispielsweise die Gesellschafterversammlung den Geschäftsführer an, ein Betriebsgrundstück unter Wert zu verkaufen, so ist der Geschäftsführer grundsätzlich verpflichtet, dieser Weisung Folge zu leisten. Gelangt dann später die Gesellschafterversammlung zu der Überzeugung, der Geschäftsführer sei zum Schadensersatz verpflichtet, weil er ein Betriebsgrundstück unter Wert verschleudert habe, so kann sie ihn deswegen nicht in die Haftung nehmen, da dieser auf Weisung gehandelt. Insbesondere bei wechselnden Mehrheiten auf der Gesellschafterversammlung ist die Gefahr nicht von der Hand zu weisen, dass Maßnahmen der Geschäftsführung nachträglich abweichend beurteilt werden.

Experten-Tipp

**So vermeiden Sie als Geschäftsführer Haftungsrisiken**

Ist sich der Geschäftsführer unsicher, ob er ein bestimmtes Geschäft vornehmen will, insbesondere weil damit Haftungsrisiken verbunden sind, so sollte er auf eine Weisung der Gesellschafterversammlung pochen. Weist diese ihn an, das Geschäft in einer bestimmten Weise zu tätigen, so ist er von seiner persönlichen Verantwortlichkeit gegenüber der GmbH befreit. ◂

## Welche Auskunfts- und Einsichtsrechte haben die Gesellschafter?

*Gesellschafter ist nicht gleich Gesellschafterversammlung*

Wir müssen zwischen der Gesellschafterversammlung und dem einzelnen Gesellschafter unterscheiden. Die Gesellschafterversammlung ist das oberste Willensorgan und damit das Machtzentrum der GmbH. Der einzelne Gesellschafter hingegen hat außerhalb der Gesellschafterversammlung weit weniger Rechte. Die Gesellschafterversammlung bestellt den Geschäftsführer und beruft ihn ab. Sie kontrolliert ihn, sie erteilt ihm Weisungen. Dieses Recht hat der einzelne Gesellschafter nicht.

*Einblick in Geschäftsunterlagen und Informationspflicht des Geschäftsführers*

Ein Minderheitsgesellschafter, das heißt derjenige, der nicht über die Mehrheit der Stimmen verfügt, kann häufig kaum seine Interessen durchsetzen. Zu beachten ist jedoch, dass jeder Gesellschafter ein umfassendes Einsichts- und Auskunftsrecht hat (§ 51 a GmbHG). Der Geschäftsführer ist verpflichtet, den Gesellschafter auf Wunsch ausführlich zu informieren und ihm Einblick in alle Geschäftsunterlagen zu gewähren. Verweigert der Geschäftsführer die notwendige Auskunft, so kann dies sogar einen Abberufungsgrund darstellen. Ist der Geschäftsführer allerdings im Zweifel, ob die begehrten Informationen nicht doch zum Schaden der Gesellschaft verwendet werden, darf der Geschäftsführer die Auskunft und die Einsicht verweigern, wobei er hierfür einen Beschluss der Gesellschafterversammlung herbeizuführen hat, der dieser Verweigerung zustimmt.

# Sind Zahlungen aus dem Gesellschaftsvermögen an die Gesellschafter erlaubt?

Entnahmen sind möglich

Bei der GmbH können sich die Gesellschafter grundsätzlich unter Wahrung der Gleichbehandlung aus dem Gesellschaftsvermögen bedienen. Beschließt beispielsweise die Gesellschafterversammlung, dass alle Gesellschafter aus den Rücklagen eine Zahlung von 10.000 € erhalten, so ist dieser Beschluss wirksam und muss von dem Geschäftsführer umgesetzt werden. Hier besteht ein fundamentaler Unterschied zur Aktiengesellschaft, bei der außerhalb der ordentlichen Gewinnverteilung keine Ausschüttung an die Aktionäre statthaft sind.

Grenze: Stammkapital

Bei der GmbH ist der Abzug von finanziellen Mitteln jedoch erlaubt. Eine Grenze wird erst dann gezogen, wenn das Stammkapital betroffen ist. Das bedeutet, dass die Gesellschafter dann Gelder der Gesellschaft nicht abziehen dürfen, wenn dadurch das Vermögen unter die Stammkapitalziffer fällt. Hat beispielsweise eine Gesellschaft ein Stammkapital von 25.000 €, dürfen die Gesellschafter nur dann Kapital entziehen, wenn danach mindestens ein Reinvermögen in Höhe von 25.000 € verbleibt. Dieses ermittelt man, indem man von den Vermögenswerten nach Bilanz, das heißt den Aktiva die Schulden und die Rückstellungen abzieht. Existieren z. B. Aktiva in Höhe von 70.000 € und Schulden bzw. Rückstellungen in Höhe von 40.000 €, so beträgt das Reinvermögen 30.000 € (70.000 abzüglich 40.000). Bei einem Mindeststammkapital von 25.000 € darf somit eine Auszahlung an die Gesellschafter bis zu 5.000 € erfolgen.

Auszahlungsverbot

Der Gesetzgeber hat das Auszahlungsverbot in § 30 Abs. 1 GmbH-Gesetz geregelt. Danach darf das zur Erhaltung des Stammkapitals erforderliche Vermögen an die Gesellschafter nicht ausbezahlt werden. Erhält ein Gesellschafter dennoch eine entsprechende Zahlung, so ist er zur Rückzahlung verpflichtet. Die Mitgesellschafter müssen für einen etwaigen Ausfall des Gesellschafters, der die Zahlung erhielt, jedoch zur Rückzahlung außerstande ist, aufkommen.

Haftung des Geschäftsführers

Besonders bedeutsam ist, dass auch der Geschäftsführer im Falle einer verbotenen Auszahlung persönlich der Gesellschaft für die Rückzahlung haftet. Der Geschäftsführer ist Hüter des Kapitals. Er hat darauf zu achten, dass das Stammkapital zusammen gehalten wird. Lässt er Auszahlungen an die Gesellschafter zu, so muss er persönlich für die Rückzahlung einstehen. Diese Haftung wird in der Regel erst bei Insolvenz der Gesellschaft relevant, wenn nicht der Insolvenzverwalter Verstöße gegen die Kapitalerhaltung aufspürt und die Beteiligten zur Rückzahlung auffordert. Ist der Anspruch gegen den Gesellschafter, der die Zahlung empfangen hat, nicht durchsetzbar, wird sich der Insolvenzverwalter an den Geschäftsführer halten. Der Geschäftsführer ist also durchaus einem erheblichen Haftungsrisiko in dieser Beziehung ausgesetzt.

Verdeckte Gewinnausschüttung

Das Auszahlungsverbot betrifft nicht nur unmittelbare Auszahlungen durch Entnahmen, sondern auch den Entzug von Gesellschaftsvermögen mittels nachteiliger Geschäfte durch Gesellschafter. Verschleudert der Geschäftsführer beispielsweise Waren der GmbH an einen Gesellschafter zu Dumpingpreisen oder kauft die Gesellschaft Waren umgekehrt von einem Gesellschafter zu überhöhten Preisen ein, so fließt jeweils Liquidität aus der Gesellschaft ab. Wird dadurch eine Unterbilanz verursacht oder vergrößert, findet durch das Geschäft insoweit eine verbotene Auszahlung statt. Hierfür wird auch der Begriff der verdeckten Gewinnausschüttung verwendet.

## Was ist bei Darlehen und vergleichbaren Leistungen der Gesellschafter zu beachten?

Eigenkapitalersetzende Gesellschafterleistungen

Die in der vorhergehenden Frage erörterten Grundsätze der Kapitalerhaltung sind durch Gesetz und Rechtsprechung wesentlich erweitert worden. Man redet hier von den Grundsätzen der so genannten eigenkapitalersetzenden Gesellschafterleistungen. Es handelt sich um Leistungen der Gesellschafter an die GmbH, die funktionell die Aufgabe von Eigenkapital übernehmen. Die Gesellschafter sind nämlich in der Entscheidung, wie sie den Kapitalbedarf der Gesellschaft finanzieren, nicht völlig frei. Führen die Gesellschafter der Gesellschaft Fremdkapital zu, obwohl sie Eigenkapital hätten aufbringen müssen, kann eine Umqualifizierung in haftendes Eigenkapital vorgenommen werden. Dieses wird dann angenommen, wenn die Gesellschaft sich in der Krise befindet und weitere Voraussetzungen vorliegen.

Praxis-Beispiel

**Die Media TV & Video GmbH braucht Hilfe"**

Die Media TV & Video GmbH ist in der Krise. Dies bedeutet, dass sie nicht mehr kreditwürdig ist. Ihre Hausbank ist zu weiteren Krediten nicht mehr bereit. Die Bank droht sogar, die bisherige Kreditbeziehung aufzukündigen, weil die GmbH die zugesagte Kontoüberziehung nicht nur ausgeschöpft, sondern darüber hinaus noch ungenehmigt Kredit in Anspruch genommen hat.

Die Gesellschaft ist hingegen zur Abdeckung ihrer Kosten auf zusätzliche Liquidität angewiesen. In dieser Situation der Kreditunwürdigkeit müssten die Gesellschafter entweder die Tätigkeit der Gesellschaft beenden oder aber Eigenkapital zur Verfügung stellen, da sie Fremdkapital, z. B. in Form eines Bankkredites infolge der Kreditunwürdigkeit der Gesellschaft nicht mehr erhalten. ◀

Kredit statt Eigenkapital

In dieser Situation stellt nun der Mehrheitsgesellschafter einen Kredit zur Verfügung. Dieser Kredit ist grundsätzlich eigenkapitalersetzend, das heißt eine Rückführung des Kredits (einschließlich der Auszahlung der Zinsen) darf nur stattfinden, wenn hierdurch eine Unterbilanz weder entsteht noch vergrößert wird. Erfolgt die Rückzahlung in der Krise, das heißt während einer bestehenden Kreditunwürdigkeit der Gesellschaft, kann im Fall eines späteren Insolvenzverfahrens der Insolvenzverwalter diese Rückzahlung anfechten und vom Gesellschafter verlangen, dass dieser den zurückgezahlten Betrag zur Insolvenzmasse erstattet.

Diese Grundsätze der eigenkapitalersetzenden Gesellschafterleistungen gelten nicht nur für Darlehen des Gesellschafters. Sie werden auch auf vergleichbare sonstige Leistungen des Gesellschafters, etwa der Zurverfügungstellung von Mieträumen, von Leasinggegenständen oder auf stille Einlagen bzw. auf stille Beteiligungen angewandt.

# In welchen Fällen haftet der Geschäftsführer?

## Welche Haftungs- und Strafbarkeitsrisiken treffen den Geschäftsführer generell?

Überblick

Der GmbH-Geschäftsführer ist im Gegensatz zum bloßen GmbH-Gesellschafter erheblichen haftungsrechtlichen und strafrechtlichen Risiken ausgesetzt. Die Risiken in der Gründungsphase sind bereits erläutert worden (siehe Teil 2). Eine besondere Gefährdungssituation tritt für den Geschäftsführer in der Krise der Gesellschaft ein. Der Geschäftsführer sollte sich daher unbedingt mit den ihn treffenden Risiken beschäftigen.

Krise der GmbH

Die Risiken in der Krise sind vielfältig, bereits vorab sei darauf hingewiesen, dass der Geschäftsführer insbesondere bei verspäteter Einleitung des Insolvenzverfahrens sowohl mit strafrechtlichen als auch mit haftungsrechtlichen Konsequenzen zu rechnen hat. Da in der Krise der Gesellschaft das Vermögen der GmbH nicht mehr ausreicht, um alle Verbindlichkeiten abzudecken, läuft der Geschäftsführer Gefahr, selbst in die Haftung für Gesellschaftsverbindlichkeiten zu gelangen. Zwar haftet der Geschäftsführer pauschal nicht für alle Schulden der Gesellschaft, doch gibt es Sonderfälle, z. B. die Haftung des Geschäftsführers für Steuerschulden oder für Arbeitnehmerbeiträge zur Sozialversicherung.

Insolvenzverschleppung

Stellt der Geschäftsführer nicht unverzüglich Insolvenzantrag, kann ihn eine Einstandspflicht für die Verbindlichkeiten der Gesellschaft treffen. (Die Einzelfälle hierzu werden in den folgenden Kapiteln aufgeführt).

Haftung auch außerhalb einer Krise

Aber auch bei der GmbH, die sich noch nicht in der Krise befindet, kann der Geschäftsführer haftbar gemacht werden. Auch hier muss er sich darüber im Klaren sein, dass er als Topmanager für alle Schäden, die er am Gesellschaftsvermögen durch seine schuldhafte Geschäftsführung verursacht, grundsätzlich einstehen muss. Insofern haftet der Geschäftsführer wesentlich stärker als ein gewöhnlicher Arbeitnehmer.

## Wie haftet der Geschäftsführer gegenüber der GmbH für Fehler bei der Geschäftsführung?

Das GmbH-Gesetz regelt die Haftung des Geschäftsführers außerordentlich streng. In § 43 GmbH-Gesetz ist angeordnet, dass der Geschäftsführer für alle Schäden aufkommen muss, die er durch seine schuldhafte Pflichtverletzung am Vermögen der Gesellschaft anrichtet. Verkauft beispielsweise der Geschäftsführer ein Grundstück der Gesellschaft unter Wert, so entsteht der Gesellschaft hierdurch ein Schaden. Diesen Schaden muss der Geschäftsführer ersetzen, wenn ihm ein Verschulden vorwerfbar ist. Dies ist etwa dann der Fall, wenn er vorsätzlich oder fahrlässig das Verkaufsgeschäft zu ungünstigen Konditionen getätigt hat. Vorsätzlich hätte der Geschäftsführer gehandelt, wenn er bewusst und gewollt das Grundstück unter Wert verschleudert. Fahrlässig handelt der Geschäftsführer, wenn ihm der Sorgfaltsverstoß nicht bewusst war, ihm jedoch bei sorgfältiger Prüfung hätte klar sein müssen, dass hier ein schlechtes Geschäft getätigt wird.
Allerdings ist immer zunächst genau zu untersuchen, ob tatsächlich eine Pflichtverletzung vorliegt. So kann durchaus argumentiert werden, dass nicht jeder Verkauf eines Grundstücks unter Wert eine Pflichtverletzung darstellt. Auch muss man hier dem Geschäftsführer ein unternehmerisches Ermessen einräumen, damit seine Entscheidungsfreudigkeit erhalten bleibt und er nicht bei jedem Geschäft befürchten muss, hierfür in die Haftung genommen zu werden. Die bloße Realisierung von unternehmerischen Risiken stellt daher keinesfalls eine Pflichtverletzung dar. Das hier erwähnte Grundstücksgeschäft könnte ebenfalls pflichtgemäß sein, wenn der Geschäftsführer diesen Verkauf tätigen musste, weil die Gesellschaft in Liquiditätsschwierigkeiten war, dringend Geld benötigte und der Verkauf des Grundstücks die Liquiditätsschwierigkeiten beendet. Gleiches würde gelten, wenn der Geschäftsführer das Geschäft getätigt hat, weil der Verkehrswert aktuell nicht zu erzielen war. Hat sich schlichtweg kein Käufer gefunden, der bereit ist, den etwa von einem Gutachter ermittelten Verkehrswert zu

entrichten, ist es nicht pflichtwidrig, wenn mit dem Preis herunter gegangen wird.
Dieses Beispiel zeigt, wie schwer es im Einzelfall ist, den Geschäftsführer tatsächlich wegen pflichtwidriger Geschäftsführung in die Haftung zu nehmen. Hier müssen in jedem Einzelfall die Voraussetzungen sehr kritisch geprüft werden.
Grundsätzlich bleibt jedoch festzuhalten: Das GmbH-Gesetz ordnet generalklauselartig an, dass der Geschäftsführer für alle schuldhaft verursachten Schäden am Gesellschaftsvermögen einzustehen hat. Damit trifft den Geschäftsführer eine wesentlich schärfere Haftung als den gewöhnlichen Arbeitnehmer, der etwa für leichteste Fahrlässigkeit nicht einzustehen hat. Zu den Unterschieden der Haftung eines Arbeitnehmers und eines Geschäftsführers im Einzelnen siehe auch Jula, Der GmbH-Geschäftsführer im Arbeits- und Sozialversicherungsrecht, 2003, Seite 62 ff.

## Wie haftet der Geschäftsführer gegenüber dem Finanzamt?

Geschäftsführer muss steuerliche Pflichten erfüllen

Die Steuern schuldet zwar grundsätzlich die GmbH, dennoch hat der Gesetzgeber in der Abgabenordnung festgelegt, dass die Geschäftsführer als gesetzliche Vertreter für die Erfüllung der steuerrechtlichen Pflichten einer GmbH verantwortlich sind. Erfüllen sie diese Verpflichtungen grob fahrlässig oder vorsätzlich nicht, können sie persönlich in die Haftung genommen werden.

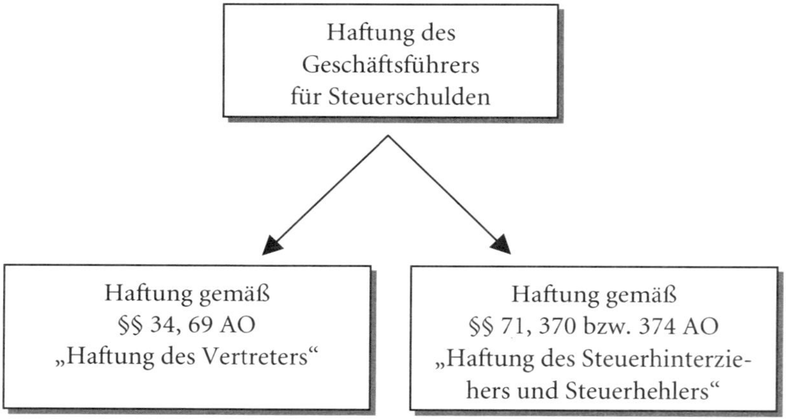


**Gefahr: Ihre Haftung für Steuerschulden**

In der Krise wird für Sie vor allem Ihre Haftung für Steuerschulden relevant (§ 69 AO). Gegen Sie kann ein Haftungsbescheid wegen der rückständigen Steuern ergehen. Grundsätzlich gilt der Grundsatz der anteiligen Tilgung, das heißt das Finanzamt darf lediglich verlangen, so gestellt zu werden, wie es stünde, wenn sämtliche Verbindlichkeiten gleichmäßig getilgt worden wären. Hier ist eine überschlägige Betrachtung anzustellen und die entsprechende Tilgungsquote zu ermitteln. Ergibt sich, dass die Steuerschulden in geringerem Umfang getilgt worden sind, so haften Sie für die Differenz. Besonderheiten gelten bei der Lohnsteuer. Diese ist grundsätzlich bei der Auszahlung der Nettolöhne einzubehalten und abzuführen, hier gilt der Grundsatz der anteiligen Tilgung nicht.

Durchsetzung per Bescheid

Das Finanzamt setzt seinen Anspruch per Haftungsbescheid durch. Es muss den Geschäftsführer nicht verklagen. Vielmehr erlässt das Finanzamt einen Haftungsbescheid, aus dem es vollstrecken kann.

## Überblick zur Haftung des Geschäftsführers für Steuerschulden als Vertreter

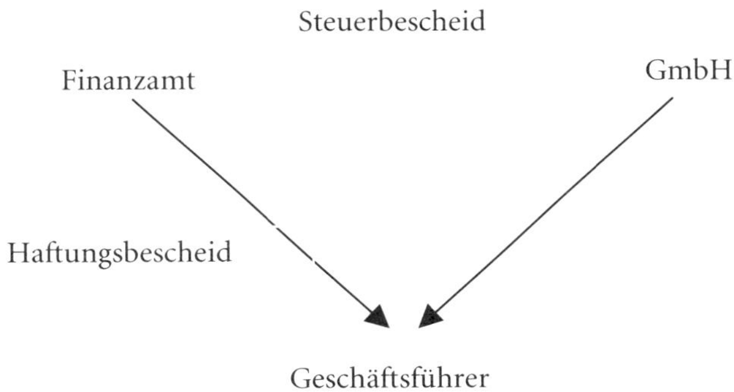


- Der Geschäftsführer ist für die Einhaltung der steuerrechtlichen Pflichten kraft Gesetzes zuständig. Dies betrifft alle betrieblichen Steuern, so die Lohn-, Umsatz-, Gewerbe- und Körperschaftsteuer.
- Steuerschuldnerin ist die GmbH, Haftungsschuldner der Geschäftsführer.
- Es gilt der Grundsatz der Gesamtverantwortung, das heißt für die Erfüllung der steuerrechtlichen Pflichten besteht eine Generalzuständigkeit. Eine Einschränkung durch Ressortaufteilung ist möglich. Die Ressortaufteilung muss schriftlich und im Voraus geregelt worden sein (BFH, ZIP 1984, 1345; BFH, ZIP 1986, 1247, 1248). Auch nach der Ressortaufteilung besteht eine Überwachungspflicht des nicht zuständigen Geschäftsführers.
- Eine Amtsniederlegung schützt nur vor einer Inanspruchnahme wegen künftig fällig werdender Steuern, nicht jedoch für bereits eingetretene Steuerverbindlichkeiten.
- Weisungen der Gesellschafterversammlung entlasten den Geschäftsführer nicht. Die gesetzlichen Pflichten sind zu erfüllen.
- Die Haftung setzt eine Verletzung steuerrechtlicher Pflichten, die sich aus den einschlägigen Steuergesetzen ergeben, voraus.
- Durch die Pflichtverletzung muss ein Haftungsschaden entstanden sein, das heißt die Steuer muss nicht gezahlt oder festgesetzt worden sein. Es besteht auch eine Haftung für zu Unrecht erfolgte Steuererstattungen.

- Ferner muss ein Verschulden vorliegen, wobei dem Geschäftsführer jedoch nur Vorsatz oder grobe Fahrlässigkeit, nicht jedoch einfache Fahrlässigkeit schadet.
- Die Einschaltung eines Steuerberaters kann haftungsentlastend wirken, jedenfalls dann, wenn der Geschäftsführer keinerlei Veranlassung hat, daran zu zweifeln, dass die Einhaltung der steuerrechtlichen Pflichten sichergestellt ist.
- Grundsätzlich gilt das Prinzip der anteiligen Tilgung, d. h. das Finanzamt ist nicht besser, aber auch nicht schlechter zu behandeln als die übrigen Gläubiger. Lediglich in Höhe der prozentualen Quote, in der die sonstigen Verbindlichkeiten getilgt worden sind, besteht auch eine Haftung des Geschäftsführers.
- Bei den Abzugssteuern, das heißt der Lohnsteuer oder etwa der Künstler- oder Aufsichtsratssteuer, gilt der Grundsatz der anteiligen Tilgung nicht.
- Die Inanspruchnahme aufgrund der Haftungsschuld kann gegebenenfalls bei dem Geschäftsführer zu Werbungskosten führen, die er seinerseits absetzen kann.

### Überblick zur Haftung des Geschäftsführers als Steuerhinterzieher bzw. Steuerhehler

- Der Geschäftsführer kann Täter, Anstifter oder Gehilfe einer Steuerhinterziehung sein. Nach § 71 AO haftet der Steuerhinterzieher (§ 370 AO) oder der Steuerhehler (§ 374 AO) für die hinterzogenen Steuern. Gegen ihn kann ein Haftungsbescheid ergehen.
- Steuerhinterziehung bzw. Steuerhehlerei könnten nur vorsätzlich verwirklicht werden.
- Die Haftung erstreckt sich auf die verkürzten Steuern, die zu Unrecht gewährten Steuervorteile sowie die Hinterziehungszinsen.
- Der Grundsatz der anteiligen Tilgung findet Anwendung.
- Der Kreis der haftenden Personen ist nicht auf die Geschäftsführer beschränkt, an einer Steuerhinterziehung können sich auch Dritte beteiligen.
- Die Festsetzungsfrist für hinterzogene Steuern beträgt 10 Jahre.

## Wie haftet der Geschäftsführer, wenn Sozialversicherungsbeiträge nicht abgeführt werden?

GmbH als Arbeitgeberin

Die GmbH ist Arbeitgeberin, damit hat sie auch die Pflichten nach dem Arbeits- und Sozialversicherungsrecht zu erfüllen. Dazu gehört es, dass die Sozialversicherungsbeiträge bei Fälligkeit abgeführt werden. Dazu gehören Beiträge zur Renten-, Kranken-, Pflege- und Arbeitslosenversicherung. Grundsätzlich sind diese Beiträge für einen laufenden Kalendermonat bis zum 15. des Folgemonats abzuführen. Die Sozialversicherungsbeiträge für März sind daher also beispielsweise bis zum 15. April an die zuständige Einzugsstelle (Krankenkasse des Arbeitnehmers) zu zahlen. In der Krise kommt es häufig zu Zahlungsrückständen.

Strafbarkeit

Der Geschäftsführer macht sich jedoch strafbar, wenn Sozialversicherungsbeiträge nicht oder nicht rechtzeitig abgeführt werden. Diese Strafbarkeit ist in § 266 a Strafgesetzbuch geregelt.

Haftung

Zusätzlich wird in ständiger Rechtsprechung eine Schadensersatzverpflichtung des Geschäftsführers bejaht, wenn dieser bei Fälligkeit Sozialversicherungsbeiträge nicht abführt. Diese Strafbarkeit und die Haftung betreffen allerdings lediglich die Arbeitnehmerbeiträge, nicht jedoch die Arbeitgeberbeiträge zur Sozialversicherung.

Tilgungsbestimmung treffen

Reichen die finanziellen Mittel also nicht aus, um sowohl die Arbeitgeber- als auch die Arbeitnehmerbeiträge abzuführen, so tut der Geschäftsführer zur Vermeidung seiner Strafbarkeit und seiner Haftung gut daran, wenigstens die Arbeitnehmerbeiträge an die zuständigen Krankenkassen abzuführen. Hierbei ist es wichtig, dass er bei der Zahlung im Verwendungszweck angibt, dass es sich um Arbeitnehmerbeiträge handelt. Ansonsten wird aufgrund einer Rechtsverordnung das eingehende Geld grundsätzlich hälftig auf offene Arbeitgeber- und Arbeitnehmerbeiträge verrechnet.

Einzelheiten

**Bitte beachten Sie!** Die Strafbarkeit bzw. die Haftung für nicht abgeführte Sozialversicherungsbeiträge tritt selbst dann ein, wenn der Geschäftsführer die Nettogehälter an die Arbeitnehmer nicht auszahlt. Die Sozialversicherungsbeiträge werden nämlich unabhängig davon geschuldet, ob das Gehalt ausbezahlt worden ist oder nicht. Es gilt hier die so genannte Lohnpflichttheorie. Ist allerdings die Gesellschaft schon bei Fälligkeit der Gehälter insolvenzreif gewesen und hat der Geschäftsführer Insolvenzantrag gestellt bzw. hätte er ihn stellen müssen, so darf der Geschäftsführer keinerlei Zahlungen mehr, auch nicht an Sozialversicherungsträger bewirken. In dieser Konstellation macht sich der Geschäftsführer dann grundsätzlich auch nicht strafbar bzw. schadensersatzpflichtig.

In der Praxis ist es jedoch häufig so, dass der Geschäftsführer noch andere Zahlungen tätigt und die Sozialversicherungsbeiträge zurückhält. In dieser Konstellation wird daher der Geschäftsführer sehr häufig strafrechtlich verurteilt. Dies gilt auch dann, wenn der Geschäftsführer die Nettogehälter an die Arbeitnehmer ausbezahlt hat und ihm erst einige Wochen später, bei Fälligkeit der Sozialversicherungsbeiträge, die Mittel fehlen, diese zu entrichten. Hier wird ihm meist vorgeworfen, dass er bei Auszahlung der Nettogehälter nicht ausreichend Vorsorge dafür getroffen hat, dass später dann auch die Sozialversicherungsbeiträge abgeführt werden können.

# Wie geht der Geschäftsführer mit Insolvenz und Risiken um?

## Wann muss der Geschäftsführer Insolvenzantrag stellen?

Insolvenzreife

Das deutsche Insolvenzrecht ist streng. Bei Zahlungsunfähigkeit oder Überschuldung muss der Geschäftsführer für die GmbH unverzüglich Insolvenzantrag stellen (§ 64 GmbHG). Dann liegt eine so genannte Insolvenzreife vor.

Zahlungsunfähigkeit

Eine Zahlungsunfähigkeit wird bejaht, wenn die Gesellschaft ihre fälligen Verbindlichkeiten nicht oder überwiegend nicht mehr begleichen kann. Liegen also beispielsweise vollstreckbare Titel gegen die GmbH vor und kann die GmbH diese nicht erfüllen, wird von einer Zahlungsunfähigkeit ausgegangen. Mahnen bereits zahlreiche Gläubiger ihre Forderung an, ist die Gesellschaft bereits mit einem Gehalt im Verzug, zahlt sie die Miete für die gemieteten Geschäftsräume schon seit einigen Monaten nicht, so liegt in solchen Situationen typischerweise eine Zahlungsunfähigkeit vor.

Überschuldung

Von einer Überschuldung spricht man, wenn die Gesellschaft mehr Schulden als Vermögen hat, wobei bei der Ermittlung der Überschuldung grundsätzlich die Vermögenswerte bzw. die Schulden angesetzt werden, die bei der Versilberung des Unternehmens im Rahmen der Zerschlagung desselben realistisch sind. Die Bilanzwerte sind also nur der Ausgangspunkt, entscheidend sind die tatsächlichen Werte. Hat also beispielsweise die GmbH ein Grundstück, das mit 100.000 € in der Bilanz steht und hat dieses jedoch einen Verkehrswert von 300.000 €, so ist der tatsächliche Verkehrswert maßgeblich. Die so genannte stille Reserve, hier in Höhe von 200.000 € wird also berücksichtigt.

Frist

Der Geschäftsführer hat bei Eintritt der Insolvenzreife unverzüglich, spätestens innerhalb von drei Wochen, Insolvenzantrag zu stellen. Unverzüglich bedeutet ohne schuldhaftes Zögern. Die Drei-Wochen-Frist darf der Geschäftsführer nicht ohne weiteres ausnutzen, vielmehr dient diese lediglich dazu, um Sanierungsbemühungen zu honorieren. Das heißt wird diese Zeit tatsächlich genutzt, um eine Sanierung der Gesellschaft etwa durch die Gewinnung neuer Investoren zu versuchen, so begeht der Geschäftsführer noch keine Insolvenzverschleppung. Zu den Rechtsfolgen der Insolvenzverschleppung siehe unten.

**Checkliste: Risiken in der Krise**

| Prüfungspunkt | ja | nein |
|---|---|---|
| Haben Sie ein System installiert, mit dem eine Früherkennung der Krise möglich ist (z. B. durch Beobachtung der Entwicklung der wichtigen Kennzahlen der GmbH/ Vergleich mit Vorjahresperiode) | | |
| Ist die Auftragslage rückläufig? | | |
| Fällt der Umsatz? | | |
| Steigen die Kosten? (aufgeschlüsselt nach Kostenarten wie Personalkosten, Miete, Finanzierungskosten usw.) | | |
| Ist der Gewinn rückläufig bzw. entstehen Verluste? | | |
| Wachsen die offenen, fälligen Forderungen an? | | |
| Geraten wichtige Vertragspartner in die Insolvenz bzw. Krise? | | |
| Gibt es nachteile Entwicklungen, die die gesamte Branche betreffen? | | |
| Erhöhen sich die Verbindlichkeiten? | | |
| Schmelzen die Rücklagen ab? | | |
| Gibt es Veränderungen hinsichtlich der Konkurrenzsituation unter Berücksichtigung der Wettbewerbsfähigkeit der eigenen Produkte/Leistungen? | | |
| Beruht die Krise auf punktuellen Ereignissen, wie einem nicht versicherten großen Schadenfall oder der Insolvenz eines Vertragspartners? | | |

| | | |
|---|---|---|
| Haben Sie Maßnahmen zur Bewältigung der Krise getroffen? | | |
| Haben Sie eine außerordentliche Gesellschafterversammlung einberufen? | | |
| Haben Sie ein Sanierungskonzept aufgestellt? | | |
| Kommt eine Beschränkung auf rentable Bereiche/Kerngeschäft in Betracht? | | |
| Werden Potentiale zum Abbau von Kosten, gegebenenfalls mit Einsparung von Stellen genutzt? (Mitwirkung des Betriebsrats beachten, gegebenenfalls Interessenausgleich und Sozialplan vereinbaren) | | |
| Werden defizitäre Betriebsteile verkauft? | | |
| Erwägen Sie Kapitalerhöhungen zur Zuführung frischen Kapitals? (gegebenenfalls mit Kapitalherabsetzung [Kapitalschnitt], um anschließend durch Kapitalerhöhung wiederum frisches Kapital zu erlangen. | | |
| Ergreifen Sie Maßnahmen zur Ausräumung der Insolvenzreife zur Vermeidung des Insolvenzantrags? | | |
| Können stille Reserven aus einzelnen Bilanzpositionen des Anlagevermögens z. B. in unterbewerteten Grundstücken mobilisiert werden? | | |
| Können Sie zur Ausräumung der Insolvenzreife Forderungsverzichte mit Besserungsklausel vereinbaren oder Rangrücktrittserklärungen einholen? | | |
| Soll den Gläubigern einen Sanierungsplan vorgelegt werden? (gegebenenfalls Insolvenzplan ausarbeiten, um Sanierung im Insolvenzverfahren zu erreichen, falls sich Insolvenzantrag nicht vermeiden lässt) | | |
| Haben Sie Ihre persönlichen Haftungs- und Strafbarkeitsrisiken erfasst und minimiert? | | |

| | | |
|---|---|---|
| Haben Sie die Gefahr der Strafbarkeit und haftungsrechtlichen Verantwortung bei Verschleppung des Insolvenzantrags trotz Insolvenzreife (Zahlungsunfähigkeit/Überschuldung) bedacht? (Bei Insolvenzreife muss unverzüglich, spätestens aber innerhalb von drei Wochen Insolvenzantrag gestellt werden.) | | |
| Ist Ihnen das Verbot der Masseschmälerung geläufig? (Nach § 64 II GmbHG dürfen bei Insolvenzreife keinerlei Auszahlungen aus der Masse getätigt werden, sonst droht persönliche Inanspruchnahme.) | | |
| Haben Sie die Haftung für nicht abgeführte Steuern im Blick? | | |
| Ist Ihnen geläufig, dass Geschäftsführer für Arbeitnehmeranteile zur Sozialversicherung persönlich haften und sogar strafrechtlich zur Verantwortung gezogen werden können? | | |
| Haben Sie sich über den Katalog der Insolvenzstraftaten informiert? (Bankrott, Verletzung der Buchführungspflicht und verspätete Bilanzerstellung sind z. B. strafbar [3 Monate, bei kleiner Kapitalgesellschaft max. 6 Monate].) | | |
| Haben Sie die Auswirkungen der Insolvenz für Ihre Vergütung und Versorgung abgeschätzt? (Habe ich Anspruch auf Arbeitslosengeld? Ist meine Pensionszusage oder Direktversicherung insolvenzfest?) | | |
| Bekomme ich Insolvenzgeld? (nur bei sozialversicherungspflichtiger Tätigkeit) | | |

CD-ROM

Selbstverständlich finden Sie diese Checkliste auch auf Ihrer CD-ROM, sodass Sie sie bequem in Ihre Textverarbeitung übernehmen und über Ihren Drucker ausdrucken können.

## Welche besonderen Risiken treffen den Geschäftsführer in der Insolvenz der Gesellschaft?

Insolvenzverschleppung

Nach Eintritt der Insolvenzreife muss der Geschäftsführer unverzüglich Insolvenzantrag stellen. Tut er dies nicht, so begeht er eine Insolvenzverschleppung, die strafrechtliche und haftungsrechtliche Konsequenzen nach sich zieht. Insolvenzverschleppung ist nach § 84 GmbH-Gesetz strafbar. Dies gilt nicht nur für die vorsätzliche, das heißt die bewusste und gewollte Verschleppung des Insolvenzantrags, sondern auch für die fahrlässige Insolvenzverschleppung.

Haftung

Außerdem hat der Geschäftsführer im Falle einer Insolvenzverschleppung den Gläubigern den dadurch entstandenen Schaden unter bestimmten Voraussetzungen zu ersetzen. Insbesondere gegenüber den Gläubigern, die überhaupt erst mit der Gesellschaft in Kontakt kommen, nachdem diese insolvenzreif ist, besteht eine Einstandspflicht. Hat beispielsweise ein Lieferant der Gesellschaft nach Eintritt der Insolvenzreife Waren geliefert, kann die Gesellschaft den Kaufpreis jedoch nicht mehr zahlen, so kann der Lieferant den Geschäftsführer persönlich in Anspruch nehmen, indem er argumentiert, dass dann, wenn der Geschäftsführer rechtzeitig Insolvenzantrag gestellt hätte, die Warenlieferung und damit der Forderungsausfall nicht stattgefunden hätten.

Die so genannten Altgläubiger, das heißt diejenigen, die bereits Forderungen gegen die GmbH hatten, als diese insolvenzreif wurde, könnten argumentieren, dass sie im Falle der rechtzeitigen Insolvenzantragstellung mehr aus der Insolvenzmasse erhalten hätten, als dies nunmehr in Folge der Insolvenzverschleppung der Fall ist. Es ist nämlich häufig so, dass während der Insolvenzverschleppung Gesellschaftsvermögen abfließt, etwa weil die defizitären Geschäfte fortgesetzt werden und dadurch weitere Verluste auflaufen oder indem laufende Kosten zu Gunsten einzelner Gläubiger entrichtet werden. Im Falle der Insolvenzreife soll jedoch das noch vorhandene Gesellschaftsvermögen für die Gesamtgläubiger reserviert werden. Es ist dem Geschäftsführer nicht erlaubt, hier einzelne Forderungen zu begleichen.

Verbot, die Insolvenzmasse zu schmälern

Zahlt der Geschäftsführer trotz Insolvenzreife an einzelne Gläubiger Gelder aus, so haftet er für diese Auszahlungen persönlich gegenüber der Gesellschaft. Auch diesen Anspruch macht der Insolvenzverwalter geltend. Hat beispielsweise der Geschäftsführer an den Systemadministrator der GmbH, mit dem er freundschaftlich verbunden ist, noch 10.000 € rückständige Honorare ausbezahlt, obwohl die GmbH zu diesem Zeitpunkt bereits insolvenzreif war, muss der Geschäftsführer diese Zahlung in die Insolvenzmasse persönlich erstatten. Rechtsgrundlage ist § 64 Abs. 2 GmbHG.

Haftung des Geschäftsführers

Hier besteht also ein erhebliches haftungsrechtliches Risiko für den Geschäftsführer. Er sollte daher keinerlei Auszahlungen aus der Insolvenzmasse nach Eintritt der Insolvenzreife zulassen. Allenfalls bei solchen Zahlungen, für die der Geschäftsführer ohnehin persönlich haftet – wie etwa für Steuerschulden- kann der Geschäftsführer die Auszahlung tätigen und die Haftung riskieren.

## Wie kann sich der Geschäftsführer gegen die ihn treffenden Risiken versichern?

Versicherungsschutz beruhigt

Aufgrund der haftungsrechtlichen Risiken, die den Geschäftsführer treffen, ist dieser typischerweise daran interessiert, sich durch entsprechende Versicherungen abzusichern. Üblich sind Topmanager-Rechtsschutzversicherungen und Geschäftsführer-Haftpflichtversicherungen.

Rechtsschutzversicherungen

Rechtsschutzversicherungen decken lediglich die Kosten ab, die bei einem Verfahren entstehen, bei dem es um die Haftung bzw. Strafbarkeit des Geschäftsführers geht. Wird also beispielsweise der Geschäftsführer wegen fahrlässiger Körperverletzung strafrechtlich verfolgt, springt die Topmanager-Rechtsschutz-Versicherung für die Kosten des Strafverfahrens ein, wenn es sich um ein Delikt handelt, das im Zusammenhang mit der Geschäftsführertätigkeit steht.

Wird beispielsweise dem Geschäftsführer vorgeworfen, er habe Sicherheitsvorschriften nicht eingehalten, wodurch ein Brand in den Geschäftsräumen der GmbH entstehen konnte und sind hierbei Personen verletzt worden, so kann dies ein Verfahren wegen fahrlässiger Körperverletzung nach sich ziehen.

Die Bausteine, die im Topmanager-Rechtsschutzversicherungsvertrag versicherbar sind, sind in der Regel der Anstellungsvertragsrechtsschutz, der Strafrechtsschutz und der Vermögensschadens-Rechtsschutz. Im Anstellungsvertragsrechtsschutz geht es um Streitigkeiten aus dem Geschäftsführer-Dienstvertrag zwischen der GmbH und dem Geschäftsführer. Beim Strafrechtsschutz sind die bereits erwähnten Kosten von Strafverfahren gegen den Geschäftsführer versichert und beim Vermögensschadens-Rechtsschutz erstattet der Versicherer die Kosten, die bei zivilrechtlichen Verfahren gegen den Geschäftsführer entstehen. Dies sind solche Kosten, die etwa dann entrichtet werden müssen, wenn der Geschäftsführer in einem Haftungsprozess wegen fehlerhafter Geschäftsführung verwickelt wird. Bausteine

Wesentlich wichtiger für den Geschäftsführer ist allerdings nicht nur die Erstattung der Kosten, sondern die Regulierung des Schadens selbst. Wird der Geschäftsführer beispielsweise wegen fehlerhafter Geschäftsführung in Anspruch genommen, z. B. weil er eine Forderung der GmbH hat verjähren lassen, so sind für ihn die Kosten sekundär. Wird dem Geschäftsführer etwa vorgeworfen, er habe eine Forderung der Gesellschaft in Höhe von 500.000 € verjähren lassen, so kann ein Haftungsprozess den Geschäftsführer existenziell treffen, wenn nunmehr er selbst diese Forderung an die GmbH gegebenenfalls zuzüglich Zinsen zahlen soll. Haftpflichtversicherung

Solche Risiken deckt im Grundsatz die Vermögensschadenhaftpflichtversicherung für Geschäftsführer, Vorstände und Aufsichtsräte ab. Dieses Versicherungsprodukt wird häufig auch als D & O-Police bezeichnet. D & O steht für Directors & Officers Liability also für die Verantwortlichkeit von aufsichtsführenden und geschäftsführenden Organen. Versicherungsnehmerin einer Vermögensschadenhaftpflichtversicherung ist die GmbH, versicherte Personen sind alle Geschäftsführer, grundsätzlich auch jene der Tochtergesellschaften. D & O-Police

Erwähnenswert ist jedoch, dass auch über die Betriebshaftpflichtversicherung schon eine Reihe von Risiken im Bereich der Personen- und Sachschäden abgesichert sind. Entsteht durch die Tätigkeit der Gesellschaft ein solcher Personen- oder Sachschaden, so ist dies grundsätzlich eine Angelegenheit für den Betriebshaftpflichtversicherer. Die D & O -Police hingegen deckt grundsätzlich nur so genannte Vermögensschäden ab, die am Vermögen der Gesellschaft oder am Vermögen Dritter entstehen. In dem angeführten Beispiel, in dem der Geschäftsführer eine Forderung der Gesell- Betriebshaftpflichtversicherung schaft hat verjähren lassen, ist keine Person oder keine Sache beschädigt worden, der Schaden trat vielmehr unmittelbar am Vermögen der Gesellschaft ein (so genannter reiner Vermögensschaden). In der Betriebshaftpflichtversicherung ist der Geschäftsführer grundsätzlich wie jeder Arbeitnehmer mitversichert. In der Haftpflichtversicherung ist Vorsatz nicht versichert, das heißt werden die Schäden bewusst und gewollt herbeigeführt, so gibt es hierfür keinen Versicherungsschutz. Jede Form der Fahrlässigkeit, auch die grobe Fahrlässigkeit, ist jedoch grundsätzlich mitversichert. Vor dem Abschluss einer D & O-Versicherung sind die Ausschlüsse in den jeweiligen Bedingungswerken sehr genau zu analysieren.

# Stichwortverzeichnis